Antena 3

Curso de Español para Extranjeros

Antena 3

Curso de Español para Extranjeros

NIVEL SUPERIOR

Equipo AVANCE

SGEL

Sociedad General Española de Librería, S. A.

Primera edición, 1989.

Curso de Español para Extranjeros
en tres niveles:

Elemental (1),
Medio (2),
Superior (3).

En cada nivel:

Libro del alumno.
Cuaderno de ejercicios.
Guía didáctica.
Juego de cassettes.

Equipo AVANCE
(Universidad de Murcia)

Aquilino Sánchez
Juan Manuel Fernández
M.ª Carmen Díaz

Dibujos
Manuel Delgado

Diseño gráfico y cubierta
Víctor M. Lahuerta

Maqueta
SEAMER

Edita
Sociedad General Española de Librería, S. A.
Avenida Valdelaparra, 39 ■ Alcobendas. MADRID
Teléfono: 651170 ■ Télex: NIOLA-E 22092

Produce
SGEL-Educación
Marqués de Valdeiglesias, 5 ■ 28004 MADRID
Teléfonos: 5219241 - 5329712

Fotocomposición: AMORETTI
Impresión: Talleres Gráficos Peñalara
Encuadernación: F. MÉNDEZ
ISBN: 847143-404-0
Depósito legal: M-19666-1989

PROCEDENCIA DE LAS ILUSTRACIONES

Manuel García (fotografías): 13, 14, 44, 74, 112, 117 (1.ª), 139 (1.º, 3.ª), 156.
Archivo Fotográfico del INPROTUR: 31, 36, 105.
EFE (Fotografías): 4, 12, 14, (abajo), 16, 21, 59, 61 (2.ª), 90 (1.ª), 110, 130, 143, 144, 149, 150, 151.
Fotografías cedidas por el **Archivo Fotográfico del Instituto Nacional de Industria:** 90 (2.ª), 91, 137 (4.ª).
Oficina de Turismo de Argentina: 33 (arriba), 137, (1.ª, 2.ª).
Oficina de Turismo de Cuba: 57 (2.ª), 58, 61 (3.ª).
Oficina de Turismo de México: 139 (2.ª).
Portada cedida por cortesía de Seix Barral: 142.
Archivo SGEL (fotografías y realia): 18, 28, 29, 31 (5.ª), 32, 33 (abajo), 35, 40, 43 (arriba), 49, 52, 56, 57, (1.ª, 3.ª), 61 (1.ª), 76, 79, 83, 84, 85, 117 (2.ª), 132, 137 (3.ª, 5.ª).
Manuel Delgado (dibujos): 9, 15, 19, 20, 23, 25, 26, 27, 28, 30, 34, 37, 38, 42, 45, 46, 47, 50, 51, 53, 55, 62, 65, 67, 70, 71, 72, 73, 75, 80, 82, 83, 87, 91, 93, 96, 97, 98, 99, 100, 101, 103, 104, 106, 108, 109, 111, 115, 116, 121, 125, 127, 128, 140, 146, 147, 153, 154, 155, 157, 158.
Luis Carrascón (dibujos): 136.

Presentación

El español, como otras muchas lenguas, ha sido enseñado y aprendido de muchas maneras a lo largo de su historia. Pero cada época tiene sus necesidades, sus características y sus gustos. De ahí que se haga necesario acomodar la metodología a lo que exigen los tiempos.

ANTENA responde a este planteamiento y a esos requisitos.

Es un método COMUNICATIVO que incorpora técnicas y actividades comunicativas. Pero al mismo tiempo, es un método multidisciplinar, que tiene en cuenta y toma en consideración lo que ha sido útil y eficaz en la enseñanza de idiomas hasta nuestros días: ejercicios de repetición, presentación de vocabulario, aclaraciones gramaticales... Lo que hace **ANTENA** es, pues, integrar en un contexto comunicativo el aprendizaje de los diversos componentes que forman la lengua, en este caso el español.

ANTENA 3 es el nivel superior.

CLAVE DE SIGNOS

 Actividades para realizar fuera del aula.

 Texto o diálogo grabado.

Contenido

Unidad	Núcleo comunicativo	Temática
1	Constatación de la realidad y opiniones. Conversaciones coloquiales.	Jóvenes de los años 80.
2	La noticia.	Centroamérica.
3	Describiendo lugares.	Pueblos de España.
4	Formular hipótesis.	Salud y enfermedad.
5	El informe.	Ricos y pobres.
6	El ensayo.	Hispanoamérica.
7	Contar historias.	Acontecimientos de cada día.
8	Correspondencia comercial.	Informática, banca y negocios.
9	Textos científicos.	Futuro y técnica.
10	Canción y poesía.	Poetas hispanos.
11	Conversaciones, encuesta, reportaje.	Mujer y sociedad.
12	Textos e información para el debate.	Estados Unidos de Europa.
13	La opinión crítica.	Cara y cruz de Hispanoamérica.
14	Hablando en público.	«Real» democracia.

Gramática en contexto	Puntos especiales
Ojalá + subjuntivo. **Lo** (de)/**lo** (que) + adjetivo/sustantivo. Oraciones completivas con **que.**	Discriminación auditiva y ortográfica. Ampliación léxica: sinónimos.
Uso del perfecto e indefinido (acciones completas/acabadas). **Dice/decía/dijo** que. **Informa/Según/Responde... Puede que...**	Revisión de irregularidades morfológicas en formas verbales del indefinido.
Impersonalidad (con pasiva, **se** + verbo...). **Aunque** + subj. **Si... Mas/solo/mi** (con/sin acento).	Adjetivos para describir. Práctica de traducción.
Creo/No creo que... Ciertamente + futuro. **Si... Cuando/gerundio** + futuro. **Ir a** + infinitivo.	Entonación: énfasis entonativo en la palabra. Corrección ortográfica.
Correlación de tiempos en oraciones subordinadas. Relativo **que (en el que/la que...).** Elementos-ayuda del informe **(en efecto, pese a que, además...).**	Revisión de las formas comparativas y números. Entonación.
Sin que/para que + subj. **Volver a/Llegar a** + infinitivo. **Siempre y cuando...**	Irregularidades en formas verbales. Ampliación léxica (sinónimos/antónimos). Selección auditiva.
Se (reflexivo). Correlación de tiempos en el relato (con oraciones subordinadas).	Cambios vocálicos en formas verbales. Identificación de errores en texto. Entonación.
Necesito + compl. directo (afirmativas y negativas). Expresiones en correspondencia. Narración descriptiva especial. Prefijos en derivación.	Estructura de cartas. Sinonimia.
Usos y valor de sufijos en derivación. **Quizá/Aunque** + + subj./indicativo.	Cambios ortográficos en derivación y formación de palabras.
Uso de tiempos verbales condicionados por partículas o contexto. Valores de **como, mismo, tan(to).**	Reglas de acentuación gráfica.
Expresión de impersonalidad. **Se** + verbo, etc. Características del lenguaje publicitario.	Variantes morfológicas y fonéticas en formas verbales. Familias de palabras.
Régimen preposicional en verbos/adjetivos. Preposiciones. Expresiones usuales en el debate. Oraciones comparativas **(tan, tanto...).**	Identificación de errores en texto. Operaciones matemáticas.
Ser y **estar:** funciones y usos básicos. **Como si, algún/-a** (antes y detrás de sus.), **cualquier.**	Uso del diccionario. Identificación de errores en texto.
Revisión general y **evaluación.**	Actividades de comprensión y expresión oral y escrita (control y evaluación).

I.   Jóvenes de la nueva era.

1   Estamos en el año 2010, en la estación orbital «La Conspiración de Acuario». En el módulo 7 se encuentran reunidos los representantes de la Federación Internacional de Estudiantes Universitarios para elegir a su nuevo secretario general. Escucha al moderador de la mesa y averigua a cuál de los siguientes candidatos hace referencia.

2   En grupo. **Leed y preparad los programas de cada uno de los candidatos.**

NAOKO está interesada en la organización del campus universitario de cada ciudad. Sería suficiente con que se estudiasen las especialidades de agricultura, bienes culturales, biotecnología, control de materiales, informática, láser, medio ambiente y robótica.

PANCHO cree que hay que volver a inventar el concepto de la «fiesta», que hay que desarrollar lo lúdico y lo afectivo en la persona humana. Una educación integral sería lo ideal.

IBRAHIM, por el contrario, cree que lo más importante sería conservar lo positivo de las comunidades oriental, occidental y árabe. Aunque todavía no ha podido convencer al público de que el deporte es la «droga de la juventud» y de que los estudiantes se corrompen cuando los grupos son mixtos.

MARÍA está convencida de que hay que preparar a los estudiantes para que sean capaces de transformar los valores de la nueva sociedad. Lo que necesitamos es una especie de ejecutivos «espirituales», más sensibles a la situación individual de sus empleados y a sus condiciones de vida en la empresa y en la ciudad.

PROGRAMAS ELECTORALES	OBJETIVOS	MEDIOS
Naoko		
Pancho		
Ibrahim		
María...............................		

Lee los programas electorales anteriores y escribe una frase-lema para cada uno de esos programas. Luego comunícalo a tu grupo. **3**

Asocia a cada uno de los Representantes de los Estudiantes Universitarios con el término que corresponda a su descripción y razona el porqué. **4**

Naoko   diversión
Pancho   valores individuales
Ibrahim   ciencia
María   eclecticismo positivo

Escribe todos los adjetivos que se te ocurran sobre tu idea/concepto de «joven». Lee tu lista a la clase y haced una descripción conjunta del joven de hoy. **5**

II. Ya no aguanto más.

SÍ A LA LIBERTAD DE ENSEÑANZA

POR UNA UNIVERSIDAD DE Y PARA TODOS

MÁS DINERO PARA LA EDUCACIÓN

POR LA ESCOLARIZACIÓN TOTAL

SÍ A LA REFORMA DE LOS PLANES DE ESTUDIO

QUEREMOS MÁS BECAS

POR LA ENSEÑANZA GRATUITA

ABAJO LAS TASAS

Lee los titulares anteriores y comenta lo que quieren/piden/desean los jóvenes. **1**

Usa:

| Quieren Desean Piden | + que... |

Escucha estos textos, toma notas y compara. **2**

a) Lo que dicen los jóvenes.

b) Lo que dicen los adultos.

3 Adultos y jóvenes coinciden. Explica «en qué», interpretando este gráfico.

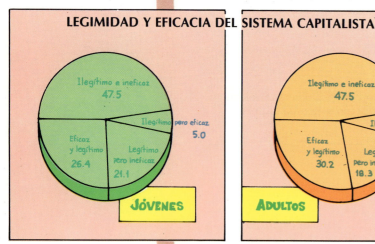

LEGIMIDAD Y EFICACIA DEL SISTEMA CAPITALISTA   %

JÓVENES
- Ilegítimo e ineficaz 47.5
- Ilegítimo pero eficaz 5.0
- Eficaz y legítimo 26.4
- Legítimo pero ineficaz 21.1

ADULTOS
- Ilegítimo e ineficaz 47.5
- Ilegítimo pero eficaz 4.0
- Eficaz y legítimo 30.2
- Legítimo pero ineficaz 18.3

Coinciden en que…
Son iguales en…
Dicen lo mismo sobre…
Piensan igual de/sobre…
Dicen que…
Opinan que…

4 Escucha y completa el gráfico siguiente.

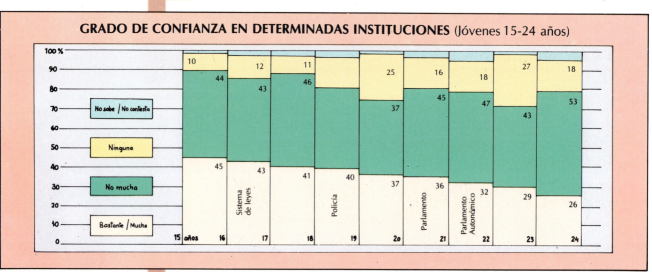

GRADO DE CONFIANZA EN DETERMINADAS INSTITUCIONES (Jóvenes 15-24 años)

No sabe / No contesta
Ninguna
No mucha
Bastante / Mucha

Sistema de leyes   Policía   Parlamento   Parlamento Autonómico

5 En grupo. **Explica a tu grupo el gráfico anterior, con los datos que tú mismo has completado.**

6 Lee y pon un título adecuado al texto que has oído.

Por lo general, la confianza de los jóvenes en las instituciones es muy baja. La valoración que hacen de la sociedad adulta deja mucho que desear. En una encuesta realizada, el 50% de los jóvenes mostraba poca o ninguna confianza en el sistema de enseñanza, las leyes, la prensa, la política, las fuerzas armadas, el parlamento, la iglesia y los sindicatos. La educación ha sufrido un importante deterioro desde hace algunos años. La confianza que antes parecían tener en el sistema de enseñanza se ha demostrado que no es aplicable al contenido de esa enseñanza. También dos importantes instituciones de la sociedad, la policía y las fuerzas armadas, han experimentado un importante descenso en el nivel de confianza. El 18% no tiene ninguna confianza en la policía y el 25% ninguna en las fuerzas armadas. Ha aumentado, ciertamente, la hostilidad y la oposición hacia estas instituciones y, lo que es peor, surgen grupos y minorías opuestos a estos pilares de una sociedad democrática y organizada.

7 Compara tu título con el de tu compañero y con los dados por los miembros de tu grupo. Luego elegid el más adecuado entre los propuestos por la clase.

III.   ¡A trabajar se ha dicho!

1 Lee de nuevo el texto de II.6 anterior y señala seis palabras que no entiendas. Trata de definirlas mediante el contexto. Luego busca su significado en el diccionario y compara tus definiciones con las dadas por el diccionario.

2 Analiza todos los textos de la sesión II (2 y 6) y subraya todas las frases en que aparezcan las formas.

> Lo que...
> Lo de...
> Lo...

Trata de escribir esas frases de otra manera, sustituyendo *lo + (de/que)* por algo equivalente.

Ejemplo: *Yo lo que quiero es...* = **Yo quiero una cosa: no desperdiciar...**

- Pregunta a tu compañero por sus frases.
- Consulta las dudas con el profesor.
- Escribe en la pizarra las equivalencias más representativas sugeridas por la clase.

3 Analiza esta frase.

¡Ojalá no fuera así!

a) Escribe otras dos frases semejantes en relación con lo que tú crees que no debería haber sido la protesta juvenil.
Explica su significado a tu grupo.

b) Pregunta al profesor si no lo sabes. ¿Qué ocurre si de la frase anterior eliminas la partícula *no*?
¡Ojalá...

¡o·ja·lá! [oxalá] *interj* Se utiliza para expresar el deseo de que ocurra lo que se dice: *¡Ojalá no llueva mañana!*
GRAM Se coloca en posición inicial de frase y el verbo va siempre en *subj*. En el lenguaje coloquial puede ir seguida de la partícula 'que' *(¡Ojalá que tenga suficiente gasolina para llegar!)* y también de la partícula 'y', aunque esto es más raro *(¡Ojalá y no llueva!)*.

o·ja·la·do, -a [oxaláðo, -a] *adj* VETER Se aplica a la res vacuna que tiene el pelo más oscuro alrededor de los ojos que en el resto de la cabeza.

o·ja·la·dor, -ra [oxalaðór, -ra] 1. *s/m,f* Quien hace ojales. 2. Instrumento para hacerlos.

o·ja·lar [oxalár] *v/tr* Hacer ojales en la ropa.

o·jea·da [oxeáða] *s/f* Mirar algo sin mucho detenimiento. LOC **Echar/Dar una ojeada,** pasar la vista rápidamente sobre algo: *Echar una ojeada a un libro.*
 SIN Vistazo, mirada.

o·jea·dor, -ra [oxeaðór, -ra] *s/m,f* Quien ojea la caza.

o·je·ar [oxeár] *v/tr* 1. Pasar la vista sobre algo, a veces, con la intención de inspeccionar: *Voy a ojear la despensa.* 2. Espantar la caza con ruidos para que se dirija al lugar donde se encuentran los cazadores

4 **Escucha y marca solamente las frases que oyes.**

— Existe poco gusto por el trabajo.
— La escala de valores ha cambiado mucho.
— Los buenos modales son cada vez más apreciados entre los jóvenes.
— El sentido de la responsabilidad se deteriora día a día.
— La prensa es objeto de poco aprecio.
— La comunicación con la familia es escasa.
— Es notable la resistencia de los jóvenes ante la autoridad formal.
— Aumenta la adscripción a grupos, clubs de fútbol, etc.
— La valoración del sistema educativo está en baja.

5 **Escucha estas tres opiniones. Luego lee estas tres frases. ¿Cuál de ellas resume mejor cada una de esas opiniones oídas?**

1. No necesitamos de los sindicatos, que buscan su provecho.
2. Las inquietudes de los jóvenes hoy son diferentes de las de hace 20 años.
3. Somos impotentes para cambiar las cosas. No vale la pena luchar.

6 **Pon acento a las palabras que deban llevarlo.**

«Es que la gente esta asqueada y piensa que hablando no se consigue nada. De modo que estan siendo violentos, sean de derechas o de izquierdas. En mi instituto hay cada vez mas pintadas, pero no tienen que ver con ideologias. Hay jovenes que escriben «Viva ETA» solo porque ETA mata policias y los policias representan a la sociedad represora. Es repugnante y angustioso».

IV. Protagonistas de su época

1 *a)* **¿Qué opinión tienes de los jóvenes españoles? Anota tus ideas.**

b) **Lee el texto siguiente y contrasta tu opinión con lo que aquí se dice.**

1   Según las últimas encuestas, a los jóvenes habitantes de esta nación de bata de cola y Constitución lo que más les gusta hacer en su tiempo libre es salir a la calle en compañía de sus amigos y disfrutar en clave de risa o aburrimiento de la circunstan-
5   cia cotidiana. La calle se ha convertido en su refugio favorito. Los bares son sus nuevos templos. Evitan estar en el domicilio familiar. Cualquier excusa es buena para dar una vuelta. Como la cartera de su bolsillo suele estar con telarañas, estos jóvenes son unos auténticos profesionales en buscarse la vida por la no-
10 che. Siempre hay un amigo que tiene una china para invitarle a un porrito; normalmente hay un par de bares en los que les fían las copas hasta que llegue el primero de mes, y sino colecta cervezas en un banco de cualquier parque. El caso es sobrevivir y tomar algún sorbito de estimulante. Así, todos jun-
15 tos, como colegas, compartiendo carcajadas e impotencias.
     Cuando están en casa se pasan la mayoría del tiempo entre el mantel y la mesa, viendo con gesto indolente los programas de televisión o encerrados en su habitación escuchando a todo volumen una, y otra, y otra canción. Tumbados en la cama,
20 con la mirada en el techo, fumando cigarrillos de hebra rubia y barata. Con unas ganas locas de que llame el amiguete con alguna sorpresa.

También hay un minoritario pero contundente sector juvenil que todavía se atreve a depositar su mirada sobre el ejército de
25 letras impresas de algún libro prestado. No son muchos, pero los que están por la labor son lectores fieles y disciplinados. Su falta de recursos monetarios les conduce a tener que renunciar a su selección bibliográfica deseada, pero, a pesar de este desorden, mantienen el tipo con bastante dignidad. Algo es algo.

30 **Cultura visual**
     Les encanta sentarse delante de las sábanas animadas del cine. Devoradores de imágenes. Generación de jóvenes hipervisuales. En España existe un apasionado interés por el mundo peliculero. Es posible que, como en los comienzos de la histo-
35 ria del cine, se produzca el mismo fenómeno de evasión ante una realidad que no gusta. Sentados en la butaca, metiéndole mano a una bolsa de palomitas, nuestros chicos se transportan con una naturalidad imaginativa y pasmosa a la acción que se desarrolla en la pantalla, ese alimento visual que, si es de bue-
40 na calidad, servirá para calmar el apetito de unos cuantos días, y se utilizará como código, polémica o moda entre sus más íntimos. El cine es la literatura de gran parte de la juventud nacional.

En el texto anterior, ¿cuál es el significado de estas expresiones? **2**

Línea 8. ...estar con telarañas
Línea 9. Dar una vuelta
Línea 7. Les fían las copas
Línea 12. Los que están por la labor
Línea 13. Mantienen el tipo
Línea 26. El caso es sobrevivir
Línea 29. Buscarse la vida
Línea 21. Con unas ganas locas
Línea 31. Sábanas animadas del cine
Línea 37. Metiéndole mano a una bolsa de palomitas

En grupo. **Anota los verbos que en el texto anterior contengan alguna irregularidad morfológica.** **3**

Ejemplo: *Tiene* — *Tener* (*e* → *ie*)
Produzca -

Estas palabras tienen más de un significado. ¿Cuántos conoces, además del que figura en el texto anterior? **4**

Línea 2. Cola
Línea 13. Banco
Línea 31. Sábanas
Línea 37. (Se) transportan
Línea 7. Dar una vuelta
Línea 24. Ejército
Línea 37. Palomitas

Observa y estudia estas expresiones familiares. **5**

¡PUES VAYA GRACIA!

SI QUIERES, BIEN; SI NO, PUES NADA

¡HASTA AQUÍ HEMOS LLEGADO!

¡DÉJAME TRANQUILA. ESTOY HARTA DE TI!

¡HALA, TODO PARA TI!

¡A QUE NO TE ATREVES A HACERLO!

Trata ahora de traducir a tu idioma las expresiones anteriores con la ayuda de tu grupo. **6**

7 **Contesta a estos amigos utilizando algunas de las expresiones anteriores.**

(Hablando por teléfono)

a) ▷ ¡Hola, Paco! Vente a mi casa. Están aquí Isabel y sus amigas. Es el santo de una de ellas. Lo pasaremos en grande.
▶ Es que así, tan de repente... Ahora mismo no puedo.
▷ _____

b) ▷ Se lo he prometido. Tengo que llamar al profesor y decirle que es un sabihondo. ¡Mira qué decir que ella es una ignorante!
▶ _____

c) ▷ Por favor, Jesús, que no quería hacerlo. Perdóname...
▶ _____

d) ▷ Mire, no puedo hacer ese trabajo. Ni tampoco el que mandó hace dos días. Además, con lo que Ud. me paga...!
▶ _____ ¡Queda usted despedida!

V.   Usa tu imaginación.

1 *a)* **Así se llaman algunos cantantes españoles de música moderna.**

b) **Inventa nombres similares para nuevos grupos de rock. Pero ¡en español!**

2 **La cámara indiscreta.**

¿Lo harías tú?
¿Qué opinan tus compañeros?

Lee. **El Manifiesto de los Jóvenes del Mundo.** 3

La mía es, más o menos, una generación intermedia. Mi generación siempre rechazó cualquier definición. Hermanos más jóvenes de la generación de los años sesenta, asistíamos desde lejos a las revueltas, ojeábamos las revistas prohibidas que nuestros hermanos mayores dejaban tiradas en los dormitorios y en rebaños de jovencitos participamos en la campaña puerta a puerta en favor del político de izquierdas.

Cuando tenía diez años tocaba la guitarra y quería ser como Joni Mitchell. Un amigo de mi hermana me dio la oportunidad de cantar mis canciones en una serie de pequeños recitales en el comedor de la casa Columbia. Entonces ya era lo bastante mayor como para participar en cualquier cosa. Muchas ilusiones se habían perdido. La gente se había rendido. La cocaína era la droga preferida. Nosotros siempre fuimos el farolillo de cola de los años sesenta, el «boom» de los nacimientos.

Dimos nuestros primeros pasos en una época de ardiente, inquieta e irónica desilusión. ¿A dónde creíamos ir con nuestra joven energía, objeto de tanta publicidad, que presionaba dentro de nosotros? ¿Qué se esperaba de nosotros?

Ahora el Arco Iris y las Unidades Lunares del mundo son los nuevos adolescentes. Son los literatos del ordenador. Poseen un ordenador personal. Los que tienen inclinaciones artísticas, alquilan cámaras de vídeo, hacen sus películas y declaran que el lenguaje escrito pronto se degradará, pues sólo sirve como vehículo de nostalgia.

Nosotros nacimos demasiado tarde y demasiado pronto. En parte somos lo que hubo antes de nosotros y lo que siguió.

Escribe siete palabras clave que resumirían, en tu opinión, la realidad de los jóvenes en la sociedad de hoy. 4

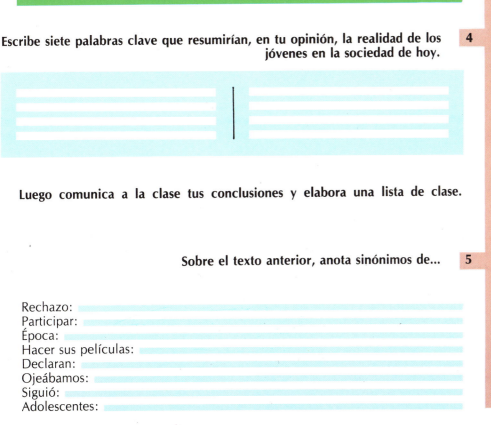

Luego comunica a la clase tus conclusiones y elabora una lista de clase.

Sobre el texto anterior, anota sinónimos de... 5

Rechazo:
Participar:
Época:
Hacer sus películas:
Declaran:
Ojeábamos:
Siguió:
Adolescentes:

6 En grupo. **Juego de palabras.**

a) Un miembro del grupo explica cómo se hace (después de leer el texto explicativo).

b) Se contrastan las soluciones de cada grupo.

c) Se escribe para toda la clase la solucion definitiva.

EL DÉDALO

Avanza letra a letra en horizontal y vertical (nunca en diagonal) dibujando una línea que enlace las letras y permita, completo el recorrido, leer una frase de Anton Chejov. Empieza donde indica la flecha y termina en la letra con punto.

Solución en Apéndice I (pág. 167)

I. La pequeña Raquel escapa de los *contras*

Son las 6,30 de la mañana en Managua. **Miguel Bowler**, enviado especial de *La Prensa* en Centroamérica, se dispone a tomar el desayuno de los extranjeros con plata: zumo de guayaba, huevos revueltos con frijolitos y café. No hay comentarios en la mesa de los periodistas. Nicaragua se ha despertado sin sobresaltos. Miguel vuelve a su habitación y sintoniza Radio Exterior de España. **1**

Escucha y completa las noticias que se están emitiendo.

Nicaragua es, una vez más, noticia. Hoy _____ la paz. El vicecanciller nicaragüense entregó ayer a los embajadores de los _____ centroamericanos a 17 personas _____ de desarrollar actividades contrarrevolucionarias. Los prisioneros —ocho hondureños, dos costarricenses, cinco salvadoreños, un guatemalteco y un _____—habían sido indultados el martes por el Parlamento. El embajador de Costa Rica en Managua _____ ayer que la entrega de los detenidos es «una _____ que fortalece las opciones democráticas y muestra la voluntad del gobierno _____ de la distensión».

La liberación de los prisioneros centroamericanos _____ efectiva un día después de que el gobierno de Managua _____ oficialmente a los 11 partidos de la oposición legal a un diálogo nacional que se _____ el próximo 5 de octubre.

Muchos de los detenidos estaban encarcelados desde hace cinco años y todos ellos habían sido _____ por el ejército nicaragüense en enfrentamientos armados _____ antisandinistas. El proyecto de indulto de los 17 prisioneros había sido anunciado _____ de septiembre por el presidente de Nicaragua, Daniel Ortega. La oposición _____ también la liberación de los prisioneros de la *contra*, pero el gobierno _____ que ésta no se produciría hasta que no _____ la guerra.

¿Cuál de los siguientes titulares sintetiza mejor la noticia anterior? Explica el porqué de tu elección. **2**

a) Un signo positivo del gobierno de Managua.

b) Liberación de prisioneros de la *contra*.

c) En libertad 17 prisioneros enemigos.

Intenta decodificar la información de la noticia anterior respondiendo a estas preguntas. **3**

¿Quién?	**¿Dónde?**
¿Qué ha hecho?	**¿Cómo?**
¿Cuándo ha sucedido?	

4 Identifica en el texto de 1, las palabras que equivalgan a...

Dinero:
Periodista:
Con normalidad:
Mezclados:
Presos:
Llevar a cabo:
Encuentros:
Liberados de culpa y condena:
Relajación de tensiones problemáticas:
Robustece:
Grupos políticos:
Comenzará:
Había pedido:
Fue llevada a cabo:
Pone de manifiesto:

5 ¿Recuerdas? Completa.

| De *Nicaragua* | → | *Nicaragüense* |

De El Salvador
De Cuba
De Honduras
De Guatemala
De Puerto Rico
De Costa Rica
De la República Dominicana

6 Miguel sale a la calle y toma un taxi destartalado. A duras penas consigue ojear *La Barricada,* periódico oficial sandinista. En las páginas interiores olfatea una posible historia para su periódico. Una vez en el Club de Prensa Internacional, organiza su agenda para seguir la pista de esa posible noticia. Su jornada laboral acaba de empezar.

a) Lee la noticia que ha descubierto Miguel en *La Barricada.*

BARRICADA

INTERNACIONAL

Organo de difusión para el exterior del Frente Sandinista de Liberación Nacional.

Año I – No. 2 – AÑO DE LA DEFENSA Y LA PRODUCCION 1 de Agosto de 1981. – NICARAGUA LIBRE.

Tres civiles mueren en un ataque de la guerrilla

Lunes, 25 de septiembre. El Juste (Juigalpa).—Una mujer y otros dos civiles fueron muertos ayer por la mañana en un ataque de las fuerzas contrarrevolucionarias, en las afueras de la ciudad de Juigalpa, a unos 150 kilómetros al Sureste de Managua. La única superviviente del ataque fue Raquel Martínez Requene. Su madre, Bernarda, y su tío, Efraín, estaban entre los muertos.

Efraín Martínez Requene apareció muerto en el bosque cercano a la aldea. La maestrita de 17 años, Nerre López, apareció, también muerta y con signos de violencia, a pocos metros de distancia del lugar de los hechos. La niña Raquel dijo: «Mi madre fue torturada por los soldados y luego fusilada y abandonada en el bosque».

b) Lee de nuevo la noticia anterior y escribe algunas razones que expliquen el porqué de los hechos relatados.

II. Esto es una guerra

Escucha este avance de noticias y señala en el mapa el área o país a que se refiere cada una de ellas.

1

Escucha de nuevo las noticias anteriores e intenta escribir los verbos que oigas.

2

Ahora cuenta a tu compañero lo que has oído. Utiliza alguna de estas formas o expresiones.

3

Dice
Dicen } que...

se dice
se informa } que...
se comenta

Según la agencia X...
Según el periódico de...

4 ¿Qué noticias te han impresionado más durante los últimos días? Anótalas y cuéntalas a tu compañero.

5 Miguel Bowler ha iniciado su investigación periodística.

Después de varios *«No, amor», «Lo siento, compañero; la compañera no se puede poner», «Sí, amor, pero ahorita no está»*, Miguel Bowler obtiene las declaraciones de la embajada de un país que se declara neutral en la zona.

Lee y estudia sus notas y averigua qué preguntas hizo Miguel por teléfono para obtener estas respuestas.

(Suena el teléfono)

▷
► *Sí, señor. Alberto Fernández, encargado de relaciones públicas de esta embajada.*

▷
► *En ese ataque murieron tres soldados y una mujer, que puede que estuviera embarazada.*

▷
► *La gente que murió viajaba en un vehículo militar. Tenemos que enviar a un equipo a El Juste para investigar.*

▷
► *Los informes de los periódicos locales no se atienen a la verdad.*

▷
► *En muchas ocasiones los soldados viajan en camionetas civiles y con frecuencia los civiles consiguen que los militares los dejen subir a sus vehículos militares.*

▷
► *En una guerra de guerrillas no hay pasajeros neutrales o inocentes.*

6 En parejas. **Con tus propios recursos, escenifica la situación anterior utilizando las preguntas por ti elaboradas y las respuestas de la embajada.**

A = periodista español.
B = portavoz de la embajada.

7 Transforma las declaraciones anteriores en un comunicado de prensa o en una noticia de agencia. Trata de utilizar las formas del pretérito perfecto o indefinido en los verbos.

III. Chontales: Tierra de buitres y *contras*

Alguien está ocultando la verdad: o los periódicos o la embajada. Miguel continúa sus investigaciones en la Oficina de la Comisión Nicaragüense de Derechos Humanos. La guapa Myrna Gómez, del Centro de Documentación, conoce con exactitud todo lo que ocurre en el Departamento de Chontales. Ella fue la que entregó a la prensa local las declaraciones de la pequeña Raquel.

Éste es un extracto del informe de Myrna.

«Los contras se han hecho fuertes en la zona porque los pequeños agricultores y ganaderos no quieren aceptar las reformas agrarias institucionalizadas por los sandinistas. La Comisión de Derechos Humanos asegura que la colaboración de casi el 100 % de la gente con los contras de la zona se debe al miedo.

La familia Requene ha sido un objetivo de la contra desde hace varios años. Los contrarrevolucionarios han jurado eliminar a la familia uno a uno.

El señor Martínez Solís Requene, representante del Comité de Defensa Sandinista, fue secuestrado por la contra en agosto de 1985 y escapó. Su hermana mayor, Rosa, de 22 años, fue raptada y violada por contras vecinos de la familia antes de liberarla. Un día antes de que la raptaran, su marido, Reinaldo Vargas, fue muerto y la granja de la familia incendiada. Pero el señor Martínez Solís Requene no piensa dejar la granja.»

Busca en el texto anterior las palabras o expresiones que correspondan a estas definiciones o sinónimos.

Está causada por:
Vivienda y edificios colindantes del campesino:
Han fortalecido su presencia:
Cooperación:
Personas que viven al lado:
Matar:
Se fugó:
Fue apresado con violencia y engaño:
Abandonar:

a) Lee el extracto del informe anterior y señala todas las formas verbales. Especifica luego...

- Tiempo.
- Irregularidades que puedan contener en su formas.

b) Anota otros verbos que recuerdes, con irregularidades semejantes.

Ejemplo: ***quieren.*** *pretérito indefinido* → ***quisieron***

21

4   Con la información anterior y la ayuda de tus compañeros completa este cuadro. ¡No deben anotarse menos de diez verbos!

tener	tiene	tuviese	tendría

5   Anota en dos columnas, tomándolos de la lista de 3.*a)...*

verbos en forma de pretérito perfecto	formas verbales de pretérito indefinido

Relaciona las formas de una u otra columna con la idea/norma de «acción acabada en un tiempo pasado» o «acción acabada y asociada de alguna manera al presente de quien habla o a lo que éste considera presente».

6   La Comisión de Derechos Humanos va a visitar la zona de Chontales porque varias cooperativas de campesinos están siendo atacadas a menudo. Miguel Bowler es invitado a formar parte del grupo. Mañana podrá entrevistar a los protagonistas de «su» noticia en plena zona de guerra.

Anota las preguntas que tú crees que debe hacer a los protagonistas de la noticia publicada por *La Barricada.*

IV.   La tienda campesina

1   Preocupado por la seguridad de la Comisión, el jefe militar de Chontales permite que Miguel y su grupo se muevan por la zona solamente entre las diez de la mañana y las cuatro de la tarde. El vehículo todo terreno se adentra a gran velocidad en la montaña para evitar caer en una emboscada. Al fondo se ve una casita campesina, en lo alto de la colina.

El abuelo Francisco, de 60 años, fue el primero en hablar. Lee sus declaraciones y completa la última frase.

«Somos la unica familia en la zona que ayuda a la revolucion y la unica que es ayudada por la revolucion somos la unica familia que ve que la revolucion esta ayudando a la gente los contras quieren librarse de nosotros para que la revolucion no tenga ningun apoyo en la zona una persona tiene que mantenerse firme en un lugar para hacer su vida somos tres menos pero nos mantenemos unidos eso es lo mas importante los amigos de aqui y los de la ciudad nos dicen "largaros de ese lugar" pero ni uno solo de la familia esta pensando en largarse mi abuelo tenia una casa aqui al lado si salimos de aqui se perderan todas nuestras raices estamos preparados para lo que venga el dia de la muerte esta señalado aunque vayas a la ciudad moriras ese dia ¿por que huir de ti mismo? he leido la Biblia los buenos y los malos mueren si eres bueno mueres si eres malo mueres asi que _____ ».

Puntúa el texto anterior y pon los acentos en las palabras que deban llevarlos. | **2**

Escucha ahora las declaraciones de la abuela. ¿Qué preguntas le hizo Miguel para provocar estas afirmaciones? | **3**

Escríbelas.

Ésta es la estructura normal de una noticia. | **4**

TITULAR

Resumen de los datos fundamentales de la noticia,

párrafos que aportan precisión a esos datos,

párrafos con datos de menor importancia,

CONCLUSIÓN

5 En grupo. **Lee de nuevo la noticia de I.1 y trata de descubrir en ella el esquema anterior.**

6 En grupo. **Escribe noticias breves para estos titulares.**

Un grave terremoto ha afectado a la ciudad de Managua

ESTADOS UNIDOS, decidido a apoyar al gobierno democrático de PANAMÁ

SE AFIRMA EN GUATEMALA QUE PRONTO SE ALCANZARÁ UN ACUERDO PARA LA PAZ EN CENTROAMÉRICA

CINCO MUERTOS EN LA ACCIÓN ANTIGUERRILLERA

«Las relaciones ESPAÑA-HISPANOAMÉRICA siempre han sido y serán de amistad y cooperación», afirmó el presidente costarricense.

«El Rey de España visitará cuatro países hispanoamericanos» Según TVE

7 **Lee y escucha de nuevo la declaración de los abuelos y escribe tu relación de la noticia.**

8 **Dictado: uno de los alumnos lee su noticia y el resto de la clase copia.**

V. ...íbamos andando...

1 Con la cara cubierta de lágrimas, con expresión de miedo y angustia en sus ojos, la pequeña Raquel solamente era capaz de articular estas palabras: «...recuerdo cosas... íbamos andando...». Eso fue todo.

Miguel Bowler escribió su artículo y quiso enviarlo por télex a su periódico. Pero el encargado de telecomunicaciones no se lo permitió. Era el principio de otra historia.

Intenta completar el «polémico» artículo.

«El testimonio de la señora Requene pudo haber sido inteligentemente _____ como propaganda; a la superviviente del ataque se le pudo haber pedido que contara una historia previamente ensayada, o incluso que actuara frente a los periodistas como una niña de nueve años, sucia y asustada; y el hombre de la oficina de _____ que abiertamente dice que espera que los _____ sean derrocados, puede estar diciendo la verdad. Puede que la familia no fuese _____ a sangre fría; puede que la familia que vive en una casa sucia de bloques de cemento sea _____ de la propaganda sandinista; puede ser que el mundo deba dejar que los _____ sangren Nicaragua hasta la muerte dejando que alimenten y _____ a los buitres de Chontales. Puede que _____ »

En grupo. **Comparad vuestro texto final con el de los compañeros. Luego exponed el texto definitivo a la clase.** | **2**

Lee de nuevo los textos de I.6, II.5, IV.1 y IV.3 y rellena el gráfico siguiente. | **3**

	Hechos objetivos Ha ocurrido/Ocurrió…	Hechos subjetivos Según… De acuerdo con… Puede que…
I.6: Noticia de *La Barricada*:		
II.5: Respuesta de la embajada:		
IV.1/IV.3: Declaraciones de los abuelos de la pequeña Raquel:		

Con todos los datos del gráfico, escribe la noticia completa de forma subjetiva. | **4**

La tertulia. **Estudiad uno de los textos de la página siguiente y comentadlo en grupo.** | **5**

— veracidad de los datos
— análisis de la situación
— soluciones propuestas
— soluciones aportadas por el grupo

a) Europa y Centroamérica.

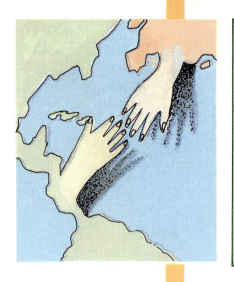

SE HABLA DEL FUTURO. PERO ¿qué se puede decir y hacer en el presente? EL DILEMA DE LA AMÉRICA LATINA

Tegucigalpa. (De nuestro corresponsal en Madrid).—Los países de Hispanoamérica están de moda en muchos países europeos desde hace algunos años. En Suiza aumentan los viajes organizados a Perú, México, Argentina, Cuba... Lo mismo ocurre en Alemania, en los países escandinavos... De Hispanoamérica siempre se habla como el continente del futuro: son países sin explotar, con muchas reservas y riquezas naturales todavía sin descubrir. Es una región con un alto índice de natalidad y con una ventaja para el comerciante: a todos los une la misma lengua, el español.

El europeo, especialmente el centroeuropeo, cómodamente instalado, disfrutando de una vida fácil, con sistemas de gobierno estables, no piensa demasiado en el presente de esta región: en Hispanoamérica existe mucha riqueza en potencia, pero mucha pobreza y muchas necesidades actuales y reales. Son países pobres, comparados con los niveles europeos o estadounidenses. ¿Por qué en vez de hablar del futuro no se habla de cómo ayudarles en el presente?

b) Estados Unidos y Centroamérica.

LOS ACUERDOS DE ESQUIPULAS

México. GREGORIO SELSER

En Esquipulas, la «Ciudad Santa» de Guatemala, donde se venera a un «Cristo negro», cinco de las siete naciones de América Central convinieron el 7 de agosto pasado en suscribir un «procedimiento para establecer la paz firme y duradera en Centroamérica».

Los once puntos del acuerdo de Esquipulas son los siguientes:

1. Reconciliación nacional. Incluye: diálogo, amnistía y creación de comisiones que verifiquen su cumplimiento.
2. Alto el fuego.
3. Democratización. Incluye: promoción de la justicia social, respeto a los derechos humanos, soberanía nacional y «efectiva participación popular en la toma de decisiones».
4. Elecciones libres, pluralistas y honestas.
5. Cese de la ayuda a las fuerzas irregulares o a los movimientos insurreccionales.
6. No utilización del territorio nacional para agredir a otros países.
7. Negociaciones sobre desarme regional.
8. Atención a refugiados y desplazados.
9. Cooperación, democracia y libertad para la paz y el desarrollo.
10. Creación de una comisión internacional de verificación y seguimiento (CIVS) del cumplimiento de los puntos convenidos.
11. Calendario para la ejecución de estos compromisos.

Los plazos de la paz

De estos puntos, cinco tenían un plazo de noventa días —que venció el 5 de noviembre— para que comenzaran a «regir simultáneamente y de forma pública» los compromisos relacionados con: la amnistía, el alto el fuego, la democratización, la no ayuda a las fuerzas irregulares o movimientos insurreccionales y el no uso de territorios propios para agredir a otros Estados. Inmediatamente después, en un plazo de 30 días, la CIVS debe analizar «el progreso en el cumplimiento de los acuerdos». Y al cabo de 60 días, que vencen en enero de 1988, la CIVS deberá rendir su informe a los presidentes centroamericanos, para que «tomen las decisiones pertinentes».

Consulta el Apéndice gramatical   Pág. 159

I. El dilema de las vacaciones

En grupo. ¿**Te irías con ellos de vacaciones?**   **1**

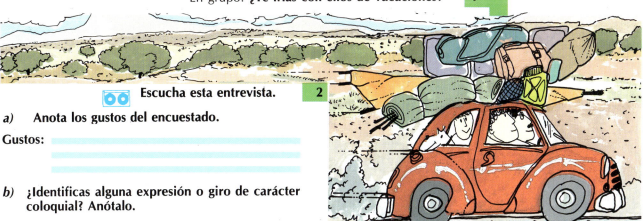

Escucha esta entrevista.   **2**

a) Anota los gustos del encuestado.

Gustos:

b) ¿Identificas alguna expresión o giro de carácter coloquial? Anótalo.

Estudia los datos de esta encuesta sobre los gustos de los españoles.   **3**

a) Compara los gustos de los españoles con la persona encuestada anteriormente.

¿PIENSA USTED SALIR DE VIAJE DE VACACIONES ESTE VERANO?

No (62 %)

¿Por qué?

	%
Falta de dinero	54
No tiene vacaciones	32
NS/NC	14

¿Salió usted de vacaciones el año pasado?

	%
Sí	21
No	73
NS/NC	6

¿De poder salir, a dónde le gustaría ir?

	%
A la playa	46
A la montaña	17
Pueblos del interior	7
Ciudades	7
Extranjero	12
NS/NC	11

Sí (34 %)

¿Dónde?

	%
Playa	56
Montaña	18
Pueblo interior	15
Ciudades	5
Extranjero	8
NS/NC	3

¿Cuánto tiempo?

	%
Más de un mes	13
Un mes	26
De 15 días a un mes	32
De 7 a 15 días	20
Siete días o menos	7
NS/NC	2

¿Salió el año pasado?

	%
Sí	77
No	22
NS/NC	1

¿Qué medios de transporte va a utilizar?
(Se puede citar más de uno)

	%
Tren	13
Avión	8
Coche	67
Autobús	12
Barco	3
NS/NC	2

¿Cómo ha organizado usted sus vacaciones?

	%
Personalmente	87
A través de una agencia de viajes	11
NS/NC	2

¿DÓNDE PIENSA USTED IR DE VACACIONES ESTE AÑO?

	%
Italia	12
Estados Unidos	7
Francia	4
Canarias	4
España (recorrerla)	3
Japón	3
Egipto	3
Brasil	3
URSS	3
Hawai	2
India	2
Grecia	2
Argentina	2
Reino Unido	2
Austria	2
Galicia	2

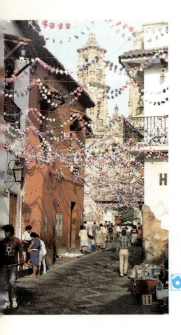

b) En grupo. **¿Coinciden estos gustos con los que predominan en tu país?**

4 **Observa de nuevo los países mencionados en la encuesta. Anota la nacionalidad de sus habitantes. Añade algunos países más.**

Ejemplo: *Italia*   →   italiano/a

5 **Escucha la *Canción del verano***

a) Trata de comprender el texto con la ayuda de tu grupo.
b) A continuación escribe la letra.
c) Finalmente, contrasta el texto escrito con el original (*ver página 168 de Apéndice II*).

II.   Tierras adentro

1 **Lee el siguiente texto y señala en el mapa a qué región se refiere:**

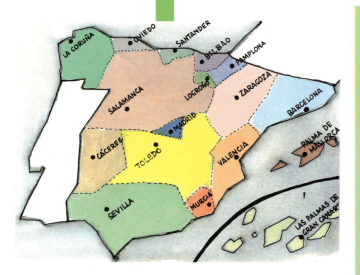

Cruzar los rectos caminos de La Mancha, con horizontes sin límite, con paisajes en los que todavía resuena la voz de Don Quijote y Sancho Panza; hospedarse en sus poblaciones de recio carácter, de adobe encalado en blanco, todo esto puede aún proporcionar al visitante vivencias no sólo agradables, sino también inolvidables. Son pueblos de nombre sonoro, conocidos por todo el mundo: El Toboso, Argamasilla, Puerto Lápice, Esquivias...; pueblos que habrían existido sin pena ni gloria, a no ser porque Cervantes los convirtió en protagonistas de su obra maestra. Pero no en vano estos lugares despertaron el genio literario y excitaron la imaginación de un gran hombre de letras: todavía siguen suscitando el encanto y el asombro de todos cuantos los visitan.
El paisaje castellano-manchego reproduce en sus

perfiles la dualidad de Don Quijote y Sancho: de una parte, presentan un marcado contraste entre sus extensas llanuras y el relieve de las montañas que las rodean; de otra, una cadena montañosa de importancia, los montes de Toledo, atraviesan la gran llanura central rompiendo en dos el territorio. Llanura y montaña se entrelazan entre sí y se convierten en extremos de la misma realidad geográfica: el viajero puede embriagarse de llanuras infinitas o perderse entre pinares y rincones apenas pisados por el hombre y alejados de la «civilización».

Aunque conocidas universalmente, estas tierras son todavía ignoradas por el turismo de masas. Pero es más: aunque fueran visitadas con mayor frecuencia, la dificultad para acceder a muchos de sus lugares impedirían la masificación de los visitantes. ¿Cuántos se decidirían a caminar unos pocos cientos de metros para dar con la *Cueva de Montesinos,* donde Don Quijote pasó un largo retiro? ¿Cuántos se atreverían a seguir el curso ascendente de las *Lagunas de Ruidera* (más de 30 kilómetros ininterrumpidos de lagunas naturales, para contemplarlas? Es un inolvidable paisaje en el que 15 lagunas se suceden unas a otras, remontándose, encabalgadas, hacia cotas más altas, a contracorriente del naciente río Guadiana. Más abajo, las *Tablas de Daimiel,* una de las reservas ecológicas más importantes de España, recoge parte de las aguas filtradas de estas lagunas. Toda suerte de aves acuáticas anidan periódicamente en este lugar, haciendo las delicias de una excursión ecologista.

Estas frases han sido extraídas del texto anterior. ¿Puedes colocarlas en el lugar que les corresponde, dentro de ese texto? **2**

— Pueblos que habrían continuado su monótona existencia sin que nadie hubiera reparado en ellos.
— En escalera ascendente y antinatural.
— Todavía quedan muchos lugares para satisfacer el paladar de turistas «escrupulosos».
— Todo depende de los gustos de quien se desplaza por estos lugares privilegiados de la naturaleza.
— ¿Quiénes renunciarían a las comodidades de hoteles de cinco estrellas para pernoctar en un humilde hostal?
— (mientras los trabajos artificiales de los hombre no lo impidan).
— Constituyen un todo inseparable, un conjunto en el que las dos partes se complementan.

En pareja. **3**

a) **Subrayad en el texto anterior...**

- todos los adjetivos utilizados para describir el paisaje.
- todas las palabras que se refieran a la localización o ubicación de lugares, etc., en el espacio geográfico descrito.

b) **¿Cuántas de las palabras subrayadas podéis aplicar a la descripción de vuestra región, pueblo o ciudad?**

Comenta con tu compañero el significado de las siguientes palabras. **4**

conquistador	sedientas
monumental	encinares
a costa de	cobijan
casona	discurre
turbio	sartén
fachadas	cotos
destaca	armados hasta los dientes

5 	*a)* 	Escucha e identifica las palabras anteriores en el texto oído.

b) 	Escucha y señala en el mapa la ruta a que hace referencia el texto.

6 	Escucha y cuenta las palabras que oyes en cada una de las frases siguientes.

a)
b)
c)
d)
e)
f)
g)

III. Las huellas del pasado

Escucha al *guía turístico* e identifica los monumentos que está describiendo. **1**

CIUDAD ENCANTADA

MEZQUITA
DE CÓRDOBA

TAJO DE RONDA

ALHAMBRA DE GRANADA

PICOS DE EUROPA

Subraya las palabras que en la lista siguiente hacen referencia a la ubicación o localización en el espacio. Tradúcelas a tu lengua. **2**

aquí	allá	a gran distancia	alto	lejos	más allá de	detrás de
de costado	contra	con mucho	arriba	enfrente	frente a	debajo
a la derecha	pronto	de frente	junto a	allí	recto	
contrario						

a) Escucha de nuevo al *guía turístico* y anota durante la audición todas las palabras que puedas, de las anteriormente subrayadas. **3**

b) ¿Quién ha anotado más palabras en la clase?

4 **Lee y completa con adjetivos del recuadro.**

espectaculares •
notable • finísi-
ma • blanca •
cambiante • ar-
duo • último •
salvaje • rojo •
movible • dura •
extremo • abun-
dante • cálidas •
t r o p i c a l e s •
abierto • cerra-
do • seco

Doñana es un parque nacional situado en la desembocadura del río Guadalquivir. Todo es vida en Doñana: _____ aves utilizan este espacio, con _____ agua, cañas y matorrales, en sus viajes migratorios hacia las tierras _____ del sur. Aunque abunda toda clase de animales, sólo unos pocos constituyen la fauna de la zona: jabalíes, conejos, ciervos, patos, águilas... Es un lugar _____, prácticamente sin carreteras, donde sólo se puede viajar en vehículos todo terreno.

Además de los muchos animales que la habitan, Doñana es _____ también por sus _____ dunas, formadas por arena _____ y _____; dunas que avanzan empujadas por los vientos que vienen de la costa. Si visita Doñana dos veces consecutivas, es posible que el paisaje haya variado parcialmente: el relieve es _____, hasta que los pinos sujetan las arenas y fijan su avance. Duramente pagan los pinos este _____ trabajo: las arenas se amontonan a su alrededor y acaban ahogándolos. Doñana es un trozo _____ de naturaleza en el _____ extremo de Europa, un espacio donde la vida rezuma por doquier.

5 **Lee el texto anterior reconstruido y anota.**

- Una frase en la que se exprese una condición.
- Una frase en la que se exprese una salvedad o concesión.

Condición: _____

Salvedad o concesión: _____

6 **Da algunos consejos para visitar un parque nacional.**

Utiliza...

- **si** _____
- **aunque** _____

7 En grupo. **Comparad estos pares de frases y tratad de descubrir la regla de uso.**

- *Aunque* abun**a** toda clase de animales, sólo unos pocos constituyen...
- *Aunque* abun**e** toda clase de animales...

- *Si visita* Doñana... **es** posible que el paisaje **haya** variado parcialmente...
- *Si visitara* Doñana, **es** posible que el paisaje **hubiera variado** parcialmente...

IV. Naturaleza y arte

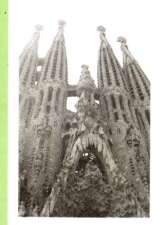

¿Recuerdas algún paisaje que te haya impresionado durante una excursión al campo o a la montaña? **1**

Descríbelo utilizando...

> Me gustó mucho, **aunque...** (no hizo buen tiempo).
>
> No me gustó **porque...** (llovía mucho).
>
> Me habría gustado más **si...** (hubiera ido en coche).

Lee el texto siguiente y subraya todos los adjetivos. **2**

La figura de Gaudí, tan distinta de la de la mayor parte de los arquitectos, tiene mucho del carácter ibérico: índole rebelde, profundo sentido de la dignidad, orgullo —sin caer en la soberbia.—En este aspecto es el fiel reflejo, la quintaesencia de su tierra natal, plena de luz, de formas agrestes y colorido vibrante, con escarpadas montañas, llanuras pedregosas y costas bañadas por el azul del Mediterráneo, padre del arte y vía de comunicación greco-latina.

La Sagrada Familia es la obra magna de Gaudí. Durante 43 años se dedicó a este grandioso monumento y entre 1914 y 1926, año de su muerte, no se ocupó de nada más, llegando incluso a vivir en una habitación situada en el interior de la iglesia, para no separarse de ella. Gaudí calculó que serían precisos 200 años para terminar el edificio, concebido como un templo «expiatorio». Por esto se fijó en un modelo de simbolismo religioso que debía animarlo, dejando a los arquitectos futuros totalmente libres para terminarlo según la técnica de construcción que considerasen más idónea. En el exterior, la iglesia debía contar con tres fachadas, cada una de ellas dominada por cuatro altas torres que representarían a los doce apóstoles. Una torre central, encima del crucero, rodeada de otras cuatro, simbolizaría a Cristo rodeado de los cuatro evangelistas. En el interior se abrirían siete capillas, dispuestas como una corona en torno a la capilla central. En la parte opuesta a la iglesia, a los lados de la puerta principal, estaban previstos una capilla y un confesonario. La nave central habría sido un auténtico bosque de columnas, puesto que Gaudí resolvía los empujes prescindiendo de elementos de sujeción exteriores. De todo el proyecto, el arquitecto catalán sólo llevó a término la cripta y la mayor parte de una de las fachadas (la de la Natividad).

Con los adjetivos subrayados en el texto anterior, intenta describir el estilo arquitectónico de Gaudí. **3**

Anota todas las palabras que no comprendas en el texto anterior y pregunta a la clase por su significado. **4**

Intentad traducir a vuestra lengua el párrafo primero del texto anterior. Consultad el diccionario siempre que sea necesario. **5**

Presentad vuestra traducción a la clase y discutid las diferencias.

Escucha de nuevo los textos del *guía turístico* (en III.1) y lee el de III.4; analiza el texto sobre Gaudí: anota todas las frases en las que aparezca la partícula *se* (antes del verbo o después de él). Luego haced una clasificación de las frases recopiladas. **6**

Se con valor de impersonalidad (III.4)	**Se** con valor pronominal (III.1)
*Donde sólo **se** puede viajar en vehículos todo terreno...*	*Durante 45 años **se** dedicó a... (Gaudí)*

7 Revisa todos los textos de la unidad y subraya las palabras *mi, mas, solo* siempre que aparezcan. Observa si llevan o no acento gráfico. ¿Eres capaz de escribir la regla que explique cuándo deben llevar o no acento? Consulta el Apéndice o pregunta al profesor.

V. ¡Viva la fiesta!

1 Marca en el mapa la ruta del Camino de Santiago.

La ruta del Camino de Santiago quedó abierta a Europa —como una de las más precoces y audaces experiencias turísticas— en la época románica. Pero se mantuvo con vitalidad durante el período gótico, y aún en plena época renacentista y barroca se restauraban los santuarios y hospederías que marcaban el camino. Su significado no se ciñe a un par de siglos y por eso hoy mantiene su fuerza evocadora. Desde el corazón de Francia, en París o Arlés, se llega a dos pasos fronterizos: Roncesvalles o Somport, en el Pirineo franco-español. Peregrinar a Compostela desde aquí significa revivir un proceso histórico y artístico lleno de sentido espiritual a lo largo de las regiones más distintas: Navarra y el alto Aragón, para luego concluir en Puente la Reina, pasar por Logroño, el Monasterio de Santo Domingo de la Calzada y reposar en la gran capital de Castilla: Burgos. Rehechos los peregrinos, continuarán camino hacia León, pasando por Carrión de los Condes y Sahagún. Desde esta hermosa ciudad de catedral gótica, se adentrarán en el verde valle del Bierzo antes de avistar las bellas y suaves campiñas gallegas que les conducirán hasta Santiago.

2 Subraya todos los adjetivos del texto anterior. Luego añade tú todos los que te parezcan convenientes y adecuados, con el fin de enriquecer el relato anterior.

EL SEPULCRO

En el siglo XI el sepulcro de Santiago el Apóstol se convirtió en uno de los centros de peregrinación más importantes de Europa occidental.

Para favorecer el peregrinaje, los reyes de Castilla y Navarra llevan a cabo la reparación de los caminos que conducen a Santiago de Compostela. A lo largo de esos caminos se construyen también hospederías y hospitales para que los peregrinos puedan pasar la noche y ser curados en caso de necesidad.

Durante el siglo XIII, las principales rutas seguidas por los peregrinos procedían de París, en el norte de Francia y Arlés, en el sur. Desde París se llegaba a Irún, en la frontera española, para luego llegar a Pamplona. La ruta del sur pasaba por Toulouse, en Francia, antes de llegar a Somport, en el Pirineo, para seguir luego hasta Jaca y Pamplona.

LEÓN

La ciudad de León, cabeza de un Reino en la época románica, rivalizó con Burgos entre las más celebradas del Camino de Santiago. En la Edad Media el casco urbano quedaba dentro de las murallas romanas, a las que se incrustaron la colegiata de San Isidoro, construida en dos etapas durante la segunda mitad del siglo XI, y la catedral gótica. La iglesia románica, además del panteón con sus pinturas, interesa porque en su arquitectura se desarrolla el esquema de Jaca y Frómista; con planta de cruz latina, justifica el proceso artístico que culmina en Compostela. La catedral, con sus bellísimas vidrieras, refleja en toda su pureza los rasgos de Reims.

VALENCIA

Ganada a los árabes en 1238 por Jaime I, Valencia fue capital de uno de los Reinos de la Corona de Aragón, sin duda el más bello y el más próspero. Los edificios ilustres que el turista está obligado a admirar pertenecen a los siglos de esplendor —urbano, cortesano— que inauguraba la conquista: casi todos se hallan, como es lógico, en el casco antiguo, y un paseo, no demasiado fatigoso, basta para curiosearlos. Hasta 1865 Valencia conservó sus murallas; una ojeada al plano actual de la ciudad nos descubre en seguida la maraña de callejuelas.

PUENTE LA REINA

Entre Eunate y Puente la Reina está la Villa de los Infanzones —Obanos—, que todos los veranos, del 20 al 27 de agosto, representa el Misterio de San Guillén y Santa Felicia, máximo logro teatral realizado con el Camino.

BURGOS

Burgos, la tierra del Cid, destaca por su importancia. Asiento de numerosas instituciones dedicadas a proteger a los peregrinos, aquí confluía otro camino que procedía de Francia a través del País Vasco, internándose en la meseta por el desfiladero de Pancorbo. Desde el siglo XI abundan noticias sobre fundaciones piadosas; entre ellas sobresale el Hospital del Rey, en las afueras de la ciudad, no lejos del famoso Monasterio de las Huelgas; ambos fueron creados por Alfonso VIII y tienen larga y brillante historia.

EL CAMINO DE SANTIAGO

Desde los Pirineos a Compostela, enlazando comarcas con fisonomía propia, se extiende el Camino, que tiene más de un milenio de vida. El año 950 el obispo Godescalco llegó hasta el sepulcro del Apóstol al frente de un grupo de peregrinos franceses. Entonces la ruta jacobea inició los más fecundos contactos espirituales entre los pueblos de Occidente. La Europa medieval se sintió solidaria de una civilización que hundía sus raíces en el mundo clásico, pero que se expresaba con un lenguaje profundamente cristiano.

NAVARRA

El nombre de Navarra se remonta a finales de la dominación de los visigodos en España. Los navarros ocuparon los territorios más abiertos, desde Pamplona a las márgenes del Aragón y del Ebro, llevando después su influencia hasta los pasos del Pirineo, que les aseguraban el camino de las Galias y de Aquitania. La invasión de los godos fue el inicio de una serie de luchas que duraron lo que duró la monarquía goda. Los francos habían constituido un poderoso imperio al otro lado de los Pirineos, y en 778 viene Carlomagno a España.

RONCESVALLES

Fue uno de los hitos clave del Camino para los peregrinos que cruzaban los Pirineos desde San Juan de Pie de Puerto. La colegiata actual es una obra maestra del estilo gótico francés. Data del siglo XIII. La capilla de Santiago, románica, guarda una imagen de madera revestida de plata, que los peregrinos visitaban tradicionalmente.

4 Describe con adjetivos que se te ocurran estas escenas: pertenecen a una fiesta muy popular en España, cantada por Hemingway.

5 Analiza el siguiente texto: ¿Cuántos de los adjetivos anotados en 4 encuentras en este texto?

Entre las fiestas profanas de Pamplona (Navarra) está la semana de San Fermín, popularmente conocida como los «Sanfermines». Es una fiesta declarada de interés turístico. El escritor norteamericano, Hemingway, la definía como «fiesta condenadamente fina». El espectáculo más vistoso e inenarrable es el del encierro de los toros. Éstos se sueltan en una calle estrecha que conduce a la plaza de toros. Delante de los toros, coreados por gritos, aplausos, vítores y música, corren tanto como pueden los jóvenes pamplonicas y extranjeros, vestidos de blanco y con un pañuelo rojo al cuello. En la carrera, alocada y confusa, algunos mozos son atropellados o cogidos por los toros que se abren paso a través de la calle. Son breves minutos de tensión, emoción y alegría... En estos momentos, al igual que antes y después, en toda Pamplona se canta la misma canción: «Uno de enero, dos de febrero, tres de marzo, cuatro de abril, cinco de mayo, seis de junio, siete de julio, San Fermín. A Pamplona hemos de ir...».

6 En grupo.

a) Elegid la fiesta típica que más os guste, en vuestro país o región.
b) Describidla por escrito.
c) Leedla a la clase.
d) ¿A cuántos habéis convencido para que visiten y participen en vuestra fiesta?

Consulta el Apéndice gramatical   *Pág. 160*

I.   Mente sana en cuerpo sano

Escucha y averigua cuándo empezaron las molestias de este paciente.   **1**

La salud y el estado de ánimo.   **2**

a) **Escucha de nuevo el texto anterior y subraya las palabras que hayas identificado, entre las siguientes.**

enfermo	dolor de vientre	hosco	delicado
dolencia	restablecerse	triste	enfermizo
reuma	solitario	desmayo	risueño
enfermar	malhumorado	manco	simpático
melancólico	morbo	radiante	
dolido	cojo	moribundo	
indisposición	jovial	alegre	

b) **De las palabras anteriores, ¿cuáles puedes aplicar a tu salud o estado de ánimo? Pregunta a tu compañero y comparad vuestras listas.**

Lee y completa estas hipótesis o afirmaciones con uno de los elementos del recuadro correspondiente.   **3**

EL MÉDICO

• curará
• sentirá
• ha descubierto

Se _____ usted en muy pocos días.
Ciertamente no se _____ nada eficaz contra esta enfermedad.
Cuando pase usted diez días en cama, se _____ mejor.

• podrás tomar
• restablecerás
• guardas

Si _____ cama y no te mueves, podrás salir antes.
Cuando hayas ganado dos kilos, _____ algo sólido.
Tomando esta medicina cada día, pronto te _____

• podrá soportar
• harán
• realizarán

Dentro de 1.000 años la tierra no _____ el exceso de anhídrido carbónico.
En el futuro el trabajo duro lo _____ los robots.
Las posibilidades de la energía de rayos láser _____ que la cirugía del futuro no se parezca casi en nada a la actual.

Ahora escucha de nuevo las hipótesis o afirmaciones anteriores y comprueba lo escrito.   **4**

5

a) ¿Son frecuentes los dolores de espalda en el lugar donde vives?

b) Lee el siguiente texto.

> Una de las causas más frecuentes de consulta, tanto al médico de medicina general como a diversos especialistas, es el dolor en la parte media o baja de la espalda. Las molestias lumbares afectan, con mayor o menor intensidad, al 80 % de la población en algún momento de su vida. Además del evidente coste sanitario, estas molestias tienen una repercusión socioeconómica que se pone de manifiesto en el hecho de que cerca del 20 % de las personas incapacitadas permanentemente lo son por patología lumbar. El coste de estas incapacidades supone cerca de 3.000 millones de pesetas para la Seguridad Social española.

c) ¿Ocurre esto también en tu país?
¿Cuál puede ser la causa?
Escribe tres hipótesis similares a las del ejercicio 3.

II. A la caza de los fumadores

1

¿En qué lugares, públicos o privados, colocarías este letrero?
Justifica tu punto de vista utilizando alguna de estas estructuras lingüísticas.

Creo No creo Opino	que que no	conviene/es conveniente, etc. sea bueno/conveniente, etc. vivirá/tendrá problemas, etc.

2

Lee el siguiente texto y averigua en qué lugares está prohibido fumar.

> El tabaco es considerado cada día más en los países de cultura occidental como una droga que crea hábito. Se está imponiendo la idea de que no llenar de humo al vecino es una cuestión de salud y no de cortesía.
> Allá por 1633, el sultán Murad IV de Constantinopla decretó la pena de muerte para aquellos que fumasen tabaco. Sin embargo, los horrores de aquella persecución no acabaron con la manía de fumar. En países como Estados Unidos, el fumador también ha sido objeto de posiciones extremistas. En la actualidad el fumador es un ser arrinconado y condenado al ostracismo. Las nuevas leyes contra el tabaco han conseguido crear una animosidad contra el fumador, animosidad a todas luces innecesaria. Lo que podría ser una cortesía (no fumar por consideración hacia los otros) se ha convertido ya en cuestión de ley.
> Las restricciones varían de Estado a Estado. Y en algunos casos son los individuos o propietarios de locales quienes han de tomar una u otra postura. Pero son más de 40 Estados los que han restringido fumar en locales públicos y unos 35 lo han prohibido también en el transporte público. Encender un cigarrillo en un Banco, en ciertos restaurantes, en una oficina, en una tienda, en un taxi o en un aeropuerto puede suponer ya el pago de una multa de 300 dólares. Y algunos Estados ni siquiera dan margen para la nostálgica solución de los incorregibles del tabaco: no pueden ir a los aseos a fumarse un cigarrillo: los aseos también están en la lista de lugares donde no está permitido fumar.

3

Lee y analiza el texto anterior y descubre.

a) Si el autor del texto es o no fumador.

b) Compara la realidad de los fumadores en Estados Unidos con la existente en tu país.

Explica el significado de las siguientes palabras, en el texto de 2, relacionándolas con las señaladas en la columna de la derecha. 4

ostracismo	*ostra*
arrinconado	*rincón*
postura	*poner*
a todas luces	*luz*
animosidad	*ánimo*
imponiendo	*poner*
incorregibles	*corregir*

En grupo. Cada grupo decidirá si se constituye en *brigada antitabaco* o en *brigada pro-fumadores*. Para convencer a sus compañeros deberán escribir no menos de cinco afirmaciones o hipótesis positivas en favor de una u otra posición. 5

III.   El fantasma del SIDA

Lee cada uno de los tres textos siguientes. Luego... 1

a) **Resume el contenido de cada uno de ellos en una *hipótesis*.**

b) **Busca un titular para cada texto.**

c) **Compara tu título con los de tus compañeros y decidid sobre los más adecuados.**

Documento 1

Los españoles han empezado a plantearse el miedo al SIDA. El síndrome de inmunodeficiencia adquirida comienza a introducirse en la vida cotidiana y preside muchas conversaciones. Quien más, quien menos quiere ya garantías no ya sólo a la hora de recibir una transfusión de sangre, sino también para ir al dentista o a la manicura. El SIDA está cambiando las formas de comportamiento y nadie niega al virus mortal una incidencia en la disminución de las relaciones sexuales plurales. La «cana al aire» empieza a estar en declive.

Documento 2

Dentro de dos años, en 1991, el mundo tendrá un millón de personas afectadas por el SIDA, según se manifestó en un encuentro de especialistas en la materia. Un portavoz de la Organización Mundial de la Salud (OMS) declaró que ya hay entre cinco y diez millones de portadores del virus. En la capital norteamericana acaba de celebrarse un Congreso que ha agrupado a más de 5.000 especialistas en la «peste del siglo XX». El Senado estadounidense aprobaba, al mismo tiempo, una ley que hace obligatoria la prueba del SIDA a los inmigrantes.

Documento 3

África es el continente donde se expande con mayor fuerza y rapidez la enfermedad del SIDA. Ésta puede haber contagiado ya a más de cinco millones de personas a finales de la década de los ochenta. Los muertos por SIDA en África quizá alcancen los 250.000.

Atajar esta enfermedad es particularmente difícil en África, a causa de la miseria, la escasa sanidad estatal y la falta de infraestructuras. Para 1990 la OMS prevé gastar casi 200.000 millones de pesetas anuales en ayuda a las naciones pobres. Pero un experto afirma que será necesario superar esta cifra para cubrir las necesidades de las naciones en desarrollo. «No nos hagamos ilusiones —añade este experto—, la lucha contra el SIDA va a ser más amplia, más compleja y va a suponer más dificultades que la lucha contra la viruela.» Y la erradicación de la viruela constituyó la batalla de mayor calibre que se haya dado jamás; fue larga, implicó a todas las naciones y costó muchos millones de dólares.

2 ¿Eres capaz de completarlo? Escucha e inténtalo.

Atajar esta _____ es especialmente difícil en Africa, _____ de la miseria, la escasa _____ estatal y la falta _____ infraestructuras. Para _____ la OMS prevé gastar casi 200.000 millones _____ en ayuda a las naciones _____. Pero un _____ afirma que será necesario _____ esta cifra para cubrir las _____ de las naciones en desarrollo. «No _____ hagamos ilusiones —añade este experto—, la lucha contra el SIDA _____ a ser más amplia, más _____ y va a suponer más dificultades que la _____ contra la viruela».

3 Más información sobre el SIDA: la opinión de la gente. Comentad en clase los resultados de esta encuesta.

Es una enfermedad pasajera .... 13 %
La enfermedad se extenderá más .... 72 %

El SIDA se extenderá más en determinado tipo de personas ...... 32 %
El SIDA se convertirá en una grave epidemia .... 42 %

4 Lee de nuevo el texto reconstruido de 2, y observa esta frase.

● No **nos hagamos** ilusiones: la lucha contra el SIDA **va a ser** más amplia, más compleja y **va a suponer** más dificultades que la lucha contra la viruela...

a) Consulta con tu grupo y trata de explicar la diferencia entre...
— *La lucha contra el SIDA* **va a ser** *más amplia...*
— *La lucha contra el SIDA* **será** *más amplia...*

b) Compara la frase anterior con esta otra contenida en el texto de II.2.
— *«*Se está imponiendo *la idea de que no llenar de humo...».*

¿Crees que existe alguna relación en el significado de ambas? Explícalo.

(Pregunta al profesor o lee las explicaciones del Apéndice gramatical para solucionar tus dudas).

5 Escucha y subraya las palabras que reciban mayor énfasis en las siguientes frases.

1. Algunos, en nuestro país, piensan que la amistad es más masculina que femenina.
2. A las mujeres, dicen, les cuesta más tener buenas amigas.
3. Pero esta opinión sólo es mayoritaria entre los viejos.
4. En conjunto, el 51 % de los españoles está satisfecho con sus amigos.
5. Quienes son nerviosos o tienen mal humor, tienen también muy pocos amigos.

IV.   El miedo al átomo

1 Lee los siguientes textos y completa el gráfico.

	Chernobil	Goiania
Tipo de accidente		
Daños ocasionados		
Medidas de seguridad		
Consecuencias para la población		

CHERNOBIL

Año 1

«No sé cuándo regresaremos a casa. Tal vez dentro de 100 ó 200 años. Depende de la desintegración de los isótopos. Cuando podamos volver, ya habremos muerto». Ala, detrás del mostrador donde vende tomates y coles, mira con ojos dulces y nostálgicos. Ahora vive a 10 kilómetros del centro de Kiev.

Muchos de los vecinos de Chernobil y de la zona de 30 kilómetros alrededor fueron alojados aquí tras el accidente, hace ya más de un año. El accidente de la central nuclear de Chernobil se produjo pasada la una y veinte de la tarde del 26 de abril de 1986.

Ala ejercía la misma profesión en una cantina de Pripiat, donde vivía. Ahora Pripiat es una ciudad fantasma, de puertas cerradas y jardines medio secos. Vistos desde arriba, los alrededores de Chernobil parecen una zona desértica: nada crece, todo se seca. En aquellos días de tragedia, más de 135.000 personas fueron evacuadas de la zona de peligro. Todos los evacuados están ahora sometidos a control médico; en su día, más de medio millón de personas pasaron control radiológico. El accidente ya está lejano. Pero la gente sigue padeciendo de «radiofobia», incluso en Kiev, y a pesar de que las autoridades afirman una y otra vez que en esta ciudad ya no existe el más mínimo indicio de radiactividad. Algunos nunca llegarán a acostumbrarse al contador «geiger» que les persigue para medir posibles restos de radiactividad.

GOIANIA

El brillo azul de la muerte

Una mujer de treinta y siete años y su sobrina de seis fueron las primeras víctimas. Murieron el 23 de octubre de 1987. Cuatro días más tarde moría otro joven de veintidós años. En Goiania se desató el pánico ante la noticia de la contaminación por Cesio 137. Los ataúdes de las dos primeras víctimas, de 600 kilos de peso, forrados de plomo, fueron apedreados por los habitantes de la ciudad en protesta por su traslado al cementerio de Goiania: los cuerpos de las víctimas eran una batería de radiactividad.

Todo había empezado por un simple robo. Dos hombres robaron de un edificio abandonado un pesado aparato, que luego fue destrozado a martillazos: casi 600 kilos de plomo.

En el interior había una pequeña cápsula, con 100 gramos de un polvito azul, muy brillante. Varias familias recibieron muestras de ese polvito. Una niña se comió su bocadillo con las manos contaminadas; algunos adultos se pusieron polvitos azules sobre el cuerpo para «brillar» por la noche. En total, más de 500 personas fueron afectadas antes de dictaminar la calidad del polvo azul y brillante: el polvito fue transportado por una persona al hospital general, en un autobús normal; esa persona tuvo que hacer cola durante tres horas en un consultorio lleno de gente... Aquel pesado aparato llevaba abandonado más de tres años...

Define el significado de los siguientes términos en el texto anterior sobre Chernobil. Da sinónimos si es posible.

alojados	ejercía la profesión
mostrador	medio secos
tal vez	cantina
una y otra vez	sometidos a control
central nuclear	

Busca en el texto sobre *Goiania* la palabra o expresión a que corresponden las siguientes definiciones.

- Conjunto de partículas de una sustancia muy seca que pueden levantarse con el aire.
- Lugar o local donde se atiende a las personas sobre determinados asuntos (enfermedad, etc.).
- Se produjo/originó (un determinado acto, pasión...).
- Lugar donde se entierra a los muertos.
- Emitió un juicio u opinión.
- Alterada la naturaleza de algo (generalmente por gérmenes o sustancias peligrosas).
- Dispositivo o máquina que se utiliza para un determinado fin.
- Acción de quitar una cosa contra la voluntad o sin el permiso del dueño.
- A golpes de martillo.

4   *a)* **Identifica en la opinión del testimonio de este experto en energía nuclear las frases que consideres *hipótesis* y subráyalas.**

El telediario anunció que iba a dar una noticia inquietante ocurrida en la Unión Soviética. Se había producido un fallo en el reactor nuclear de Chernobil y había habido víctimas. Había que saber leer entre las líneas de ese mensaje para imaginar lo que había sucedido. Un reactor nuclear tiene unos 1.000 millones de curies en contenido radiactivo. Probablemente sólo se había escapado una parte de él. Pero si la nube radiactiva había llegado a Escandinavia, el hecho podía ser más grave. Si la radiactividad ha llegado a Suecia, es que ha recorrido unos 2.000 kilómetros. Ciertamente se trata de una gran distancia. Y esto hace pensar en una gran potencia radiactiva. Cuando esto ocurre, entonces hay que pensar en una palabra que los físicos tratan de no pronunciar: fusión. Es la peor de las hipótesis. En tal caso el circuito de refrigeración no había funcionado o se había interrumpido. Aumentando el calor y sin refrigeración, necesariamente se llegará a la fusión del núcleo. La noticia era realmente inquietante: dispersión de la radiactividad por el aire, por la tierra, por las aguas. ¿Quién sabe cuántos miles de personas habrán muerto o habrán sido afectadas?

b) **Anota las estructuras lingüísticas presentes en las frases subrayadas y compáralas con las contenidas en las frases de I.3.**
Trata de explicarlas con la ayuda del profesor o del Apéndice gramatical.

5   *a)* **Comprueba la corrección ortográfica de estas palabras.**

güerra   saqueo   conprobar   huebo   viemtre   campo
eksplicar   lengua   linguística   inposible   aguado   combocar

b) **Analiza los errores anteriores y elabora con tu grupo una regla que recoja los casos en que se escribe *m* cerrando sílaba y precediendo a otra sílaba.**

Elabora otra regla que defina el uso de *ü* en vez de *u*.

V.   Cosechas venenosas

1   **Anota algunas palabras clave para diferenciar la agricultura familiar de la agricultura industrial.**

a) **Lee y explica a la clase la información contenida en este texto.** **2**

En 1976, la Organización Mundial de la Salud cifraba en 500.000 el número de casos de intoxicación producidos en el mundo por los plaguicidas. Los más expuestos a este peligro son precisamente los agricultores y ganaderos. Estos profesionales están más expuestos a morir de cáncer de piel, pulmón, hígado, encéfalo, estómago o leucemia a causa del contacto permanente con los plaguicidas, pesticidas y otros productos químicos habituales en la agricultura.

b) **Intenta escribir tú mismo esta información prescindiendo del texto.**

Escucha: Ésta es la opinión de un científico sobre los agricultores españoles. **3**

a) **Una vez escuchado el texto, identifica el problema y comentadlo en grupo.**

b) **Según esta opinión, ¿qué productos, de los que sueles adquirir en tu supermercado o tienda de comestibles, podrían estar un poco contaminados o «envenenados»?**

a) **Lee: ¿Estás de acuerdo con esta hipótesis?** **4**

Los especialistas opinan que en el siglo XXI los pesticidas disminuirán notablemente. En el futuro los parásitos del campo se combatirán mediante la aplicación de la ingeniería genética. Se podrán, por ejemplo, introducir en una planta los genes del crisantemo para protegerlo de insectos y enfermedades. Las nuevas sustancias se fabricarán fundamentalmente con métodos biosintéticos, incorporando a las células la información genética que convenga en cada caso.

b) **Formula esta misma hipótesis de otra manera.**

En grupo. **5**

a) **Leed o revisad de nuevo los textos sobre *SIDA, Chernobil, Goiania* y el *tabaco/fumadores*.**

b) **Tomando como modelo las frases de I.3 o la hipótesis formulada en V.4.a), escribid no menos de una hipótesis relacionada con esos textos.**

c) **Leed vuestras hipótesis a la clase y pedid a los demás grupos que las corrijan.**

Consulta el Apéndice gramatical *Pág. 161*

I. Bebé número 5.000 millones

1 En grupo. **Anotad todos los temas que recordéis y que impliquen cifras multimillonarias.**

2 Escucha y lee.

El bebé 5.000 millones llegó a este mundo oficialmente el pasado 7 de julio de 1986. El Instituto de Población anunció su llegada unos días antes, pero advirtió que el simbólico bebé podría aparecer en cualquier segundo del día 7, no importa en qué lugar de la tierra. Pese a tales imprecisiones —el planeta se incrementa en un millón de personas cada cinco días—, el bebé nació en un país del Tercer Mundo. El niño podría haber nacido en Asia meridional, donde habita un tercio de la humanidad. El pequeño, en cualquier caso, tiene ya muy perfilado su futuro en estos momentos.

Este bebé de ficción podría haber sido, en efecto, asiático. En Asia vive el 32 % de los habitantes de la tierra; o en Extremo Oriente, donde habita el 25 %. Asia Oriental y Asia del Sur reúnen ya en sí a la mitad de la población mundial. Pero otra posibilidad es que hubiera nacido en África, continente en el que vive el 10 % de los seres humanos.

Todo apuntaba a que hubiese sido chino o indio. De haber sido así, la esperanza de vida del bebé —si es que sobrevive a la infancia— oscilaría entre los 50 y 54 años. Una edad moderada, si se tiene en cuenta que la media de vida en Japón es de 77 años. Pero aceptable si se compara con la media de esperanza de vida de Sierra Leona o el África subsahariana, que apenas llega a los 40 años.

Un experto demógrafo asegura que habría sido ventajoso para el bebé el haber nacido en Asia Oriental. Efectivamente, en esta área —sobre todo en Corea, Singapur, Taiwan y Tailandia— existen mayores perspectivas de progreso económico.

El bebé 5.000 millones podría ser chica, pero tiene más posibilidades de que sea niño. Según las estadísticas, nacen 105 niños por cada 100 niñas. Pero si fuera niña, sus posibilidades de vida, alimentación y nivel de escolarización se reducirían a la mitad. Quizás haya nacido en una aldea. Pero es muy posible que acabe viviendo en una ciudad, porque a finales de siglo casi el 50 % de la población mundial vivirá en zonas urbanas.

Además de todo lo dicho anteriormente, existe otra realidad posible: lo más probable es que el niño 5.000 millones sea un pobre toda la vida. Y, desde luego, un niño nacido en África saldrá mucho más barato que un niño que hubiese nacido en Estados Unidos. De todos modos, no es necesario ser pesimista. Comparado con el niño que hizo el número 800 millones, el niño de los 5.000 millones ostenta notables ventajas en relación con la esperanza de vida, la alimentación y la escolarización.

Comprueba si estas afirmaciones concuerdan o no con lo que dice el texto anterior.   **3**

1. El niño 5.000 millones no podría ser asiático ....
2. El niño 5.000 millones está ya muy definido en lo que se refiere a su lugar de nacimiento .....
3. El bebé 5.000 millones nacerá a las 17 horas, 30 minutos, 15 segundos del día 7 de julio de 1986 ....
4. Este niño será un pobre durante toda su vida..
5. Los niños nacidos en Estados Unidos resultan más caros que los nacidos en África ....
6. La esperanza de vida de un niño de Sierra Leona no supera los 40 años ....
7. Nacerán más niñas que niños en el mundo...
8. Sería una suerte que el niño naciese en Tailandia..
9. Las niñas tienen menos posibilidades de alimentación y escolarización que los niños ....
10. Seguramente ese niño nacerá en un pueblo ....

Resume el informe anterior en unas pocas frases.   **4**
¿Qué párrafo del texto correspondería a cada una de tus frases-resumen?
Comunica tus resultados a la clase.

En grupo.   **5**

a) Subrayad las voces o palabras del texto anterior que hacen referencia al *niño 5.000 millones.*

b) Tomad nota de todos los sinónimos de *niño* utilizados en el texto.

c) Comparad esta lista de sinónimos con los utilizados en vuestra lengua materna para esa misma palabra.

II. Ricos y pobres

En grupos. **Observad este mapa de España y haced una clasificación de las distintas provincias según el nivel de vida que las caracteriza.**   **1**

45

2 Anota si estas afirmaciones son verdaderas o falsas, de acuerdo con la clasificación hecha anteriormente.

	V	F

a) La comunidad valenciana es más rica que Asturias...
b) La Rioja no es tan pobre como Extremadura ....
c) Galicia no es igual de rica que Cataluña ....
d) Murcia tiene menos riqueza que el País Vasco ....
e) Aragón es una región tan rica como Madrid...
f) El nivel de bienestar económico de Soria es superior al de Albacete...
g) La riqueza de Ávila no es tanta como la de Sevilla ....
h) Burgos es tan pobre como Cuenca ....
i) Salamanca es mucho más pobre que León...

3 En grupo.

a) Observad atentamente este otro mapa de España.

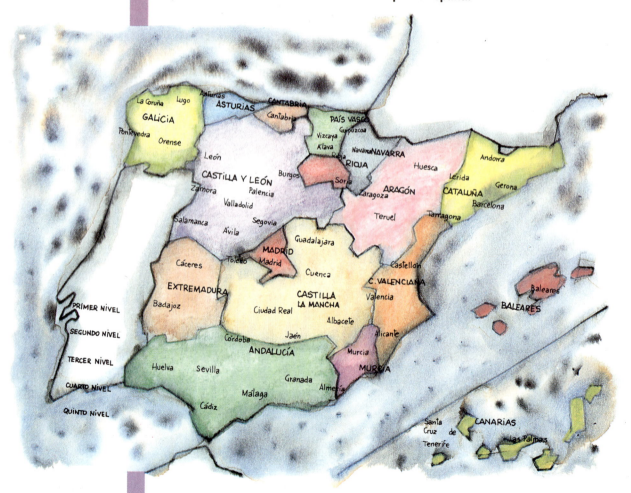

b) Relacionad la evolución de los nacimientos con el nivel de vida reflejado en el mapa anterior (en 1).

Escucha la opinión de este pensador español sobre algunos aspectos de la sociedad española moderna.

- Anota las cuatro ideas principales.

A la gente no se le enseña

ocio.

La juventud siempre

superficiales.

La tecnología podría

espectáculos superficiales.

Yo creo que España

tercermundista.

- Escribe un párrafo para cada una de las ideas anotadas.

- Pásalo a tu compañero para que lo corrija, prestando especial atención al uso de los diferentes tiempos verbales.

Escucha estos párrafos. Anota si pertenecen a la España *rica* o a la España *pobre*.

	España rica	España pobre
1. La tierra para quien la trabaja		
2. En Aceuchal		
de trabajo.		
3. El que se queja		
trabajan.		
4. En el pueblo		
botella.		
5. Yo he invertido ya		
capital.		

III. Norte y sur

1

Observa y analiza los indicadores socioeconómicos del Mediterráneo Norte y del Mediterráneo Sur. Anota tus observaciones.

─Indicadores socioeconómicos─

Mediterráneo Norte

	PN	CA	EA	MI %	AO %	EU %	NHM	PNBH	PIB	GP	TI	PP	CP	DE
Portugal +	10,3	0,7	75	22	18,2	11	540	2.230	20.789	4,7-2,7	19,6 CEE	35,9 CEE	57,6	22.400
España	39,7	0,6	77	10	4,8	24	332	4.780b	169.148	6,7-7,6	8,8 CEE	33,4 CEE	49,1	28.600
Francia	55,5	0,4	77	9	—	27	498	10.390	511.441	5,1-3,4	5,8 CEE	50,3 CEE	48,9	67.000
Italia	57,2	0,3	76	12	—	26	345	6.405	360.643	5,0-2,6	9,2 CEE	43,3 CEE	45,4	73.300
Malta	0,38	1,2	72	15	18,6	3,2	787	3.710	991	3,1-1,4	−0,3 Ita.	30,8 CEE	68,2	125
Yugoslavia	23,5	0,8	72	25	13,2	21	550c	2.570	43.252	4,4-3,7	74,5 PCD	43,4 CAM	45,7	19.500
Albania	3,06	2,1	70	43	—	6	719b	820	2.387	—	— Yug.	19,2 Yug.	19,7	5.600
Grecia	10,3	0,5	74	19	11,7	17	392b	3.970	32.648	2,2-5,0	19,3 CEE	47,0 CEE	54,1	17.000
Chipre	0,67	1,3	74	17	11	—	1.024	3.720	2.341	3,8-2,8	5,0 CEE	53,6 OM	57,1	983
Turquía	51,4	2,1	66	110	31,2	6	1.630	1.230	52.266	2,9-3,7	44,2 OM	36,2 CEE	38,0	28.500

Mediterráneo Sur

	PN	CA	EA	MI %	AO %	EU %	NHM	PNBH	PIB	GP	TI	PP	CP	DE
Marruecos	22,9	2,4	59	91	65,7	6	10.750	750b	12.279	7,3-8,2	4,3 CEE	37,3 CEE	53,2	15.100
Argelia	22,8	3,3	63	82	50,3	5	2.050	2.410	49.723	8,2-2,1	6,6 Fra.	23,5 Fra.	22,4	17.900
Túnez	7,25	2,3	63	79	53,5	5	3.571	1.290	8.220	5,4-4,2	5,0 CEE	57,8 CEE	57,5	5.800
Libia	4,10	3,5	65	89	42,1	11	730	8.520	19.926	3,7-2,4	11,0 CEE	52,4 CEE	63,2	4.000
Egipto	49,9	3,7	51	113	38,1	14	815	870	43.578	5,6-9,9	13,4 CEE	37,8 CEE	53,2	36.700
Israel	4,40	1,9	75	14	6,6	30	370	5.548	22.027	8,5-36,5	304,0 CEE	40,1 CEE	32,5	30.900
Líbano	2,81	−0,4	65	48	27,2	28	545	—	2.484c	—	26,1 CEE	45,1 OM	64,2	—
Siria	10,1	3,4	67	56	49,1	16	2.270	1.680	19.745b	6,1-14,3	18,6 OPP	45,5 CAM	41,1	4.100
Mauritania +	1,83	2,7	46	133	72,6	3	14.252	480	720	2,9-3,3	12,2 PCD	55,3 PCD	50,4	1.850

PN = Población (en millones de habitantes). CA = Crecimiento anual (en %). EA = Esperanza de vida (en años). MI = Mortalidad infantil (en %). AO = Analfabetismo (en %). EU = Escolarización de 3.º grado (Universidad, en %). NHM = Número de habitantes por médico. PNBH = Producto Nacional Bruto por habitante (renta «per cápita» en dólares USA). PIB = Producto Industrial Bruto (en millones de dólares USA). GP = Gastos Públicos en Educación y Defensa (en % sobre el PIB). TI = Tasa de inflación anual (en %). PP = Principales proveedores (en %). CP = Clientes principales (en %). DE = Deuda exterior (en millones de dólares USA). CEE = Comunidad Económica Europea. CAM = Por CAEM. Consejo de Asistencia Económica Mutua (COMECON). Fra = Francia. Ita = Italia. Jap = Japón. Yug = Yugoslavia. OM = Oriente Medio. OPP = Por OPEP.

2

En grupo. **Con los datos anteriores, completad los párrafos de este informe, ya iniciado y estructurado.**

a) Introducción.

El Sur agoniza a la vista de todos…
Pero el Mediterráneo no debe ser para Europa.

b) Tesis.

Está en juego no sólo el equilibrio entre los países europeos (Norte) y los países africanos (Sur), sino también la edificación de una nueva historia de Europa en África.

c) Análisis de datos.

La espectacularidad del bienestar europeo es acusadamente inversa a la negritud económica de África.

Los sistemas políticos norteafricanos se han reencontrado dramáticamente con la pobreza.

La orilla Sur del Mediterráneo es un frenético hormiguero de personas. Egipto, con un crecimiento extremo…

Las calles del Mogreb hierven de vida y preguntas. La emigración hacia el Norte es obligada y, aunque Europa pone mayores barreras cada año…

d) Análisis de la realidad.

No es difícil morir en el Sur. Mientras, la esperanza de vida en la orilla Norte se aproxima rápidamente a los 80 años.

…si la escolarización de tercer grado (Universidad) en España y Francia es del…

…si el analfabetismo es prácticamente nulo en el Norte (exceptuada…)…

…y si España e Italia tienen 332 y 342 habitantes por kilómetro cuadrado…

…el Mediterráneo Norte debe prever pobreza, convulsiones sociales y…

e) Conclusión.

…tenemos dos opciones: permanecer confiados en la orilla del Norte y enterarnos de las calamidades del Sur a través de los medios informativos, o…

…se hace urgente un plan…

…pues los sistemas de gobierno cambian o, simplemente, desaparecen; pero los pueblos permanecen.

En parejas. **3**

— **Haced una lista de todas las palabras que recordéis, referidas a la riqueza o pobreza. (Ejemplo: *hambre, dinero,* etc.)**

— **Leed a la clase el informe anterior y anotad todas las palabras de esta lista que aparezcan en dicho informe.**

Éstos son algunos elementos que suelen servir de ayuda en la elaboración de informes. **4**

en efecto	pese a que
realmente	pues
además	en realidad
efectivamente	desde luego
por lo tanto	en consecuencia

a) **Tradúcelos a tu lengua materna.**
b) **Añade alguno más que se haya utilizado en el informe anterior.**
c) **Compara la lista con los «elementos-ayuda» usados en tu lengua.**

Anota, en el informe anterior, las frases con *si* y *aunque*. **5**

Ejemplo: **Aunque *Europa* pone *mayores barreras cada año (la emigración aumenta/sigue aumentando)*...**

Si *España e Italia* tienen *332 y 342 habitantes por kilómetro cuadrado*... (los países del Sur no pasan de 100...)

a) **Intenta ahora cambiar el tiempo del verbo subrayado. Advierte que al cambiar el verbo de la oración con *aunque* o *si*, debe cambiar también el tiempo verbal de la oración principal (observa que las referencias temporales deben correlacionarse en ambos casos).**

Ejemplo: **Aunque *Europa* ponga *mayores barreras cada año* (la emigración** aumentará/seguirá aumentando...

**Si *España e Italia* tuvieran *332 y 342 habitantes por kilómetro cuadrado... (los países del Sur no* pasarían *de 100...)*

b) **Haz lo mismo con todas las oraciones anotadas. Luego pregunta a tu compañero por sus frases y, finalmente, leedlas a la clase.**

IV.   La tierra prometida

1   **Lee y completa con *que*.**

LA TIERRA PROMETIDA QUEDA LEJOS

Los 3.125 km. _____ separan a México de Estados Unidos son una triple frontera: la referida a dos países, la referida a dos culturas (la latina y la anglosajona) y la referida al desarrollo (países desarrollados y subdesarrollados). Atraídos por la posibilidad de ganar unos salarios _____ nunca podrían conseguir en sus países, miles de mexicanos y centroamericanos se lanzan una y otra vez a la aventura de ingresar ilegalmente en «la tierra prometida». Pero la nueva normativa _____ ha entrado en vigor en EE.UU. ha desencadenado una ola de temor e inquietud. Temor en América Central y México ante el temor de un retorno masivo de indocumentados _____, además, remitían una buena cantidad de dólares a sus casas. Miedo, en los EE.UU., a _____ florezcan las falsificaciones de documentos y a _____ aumenten los estafadores. El paso clandestino de la frontera es toda una aventura. El deseo de llegar a los Estados Unidos les hace desafiar las penalidades del viaje. Ni siquiera tienen miedo de caer en manos de policías sin escrúpulos o aduaneros que aceptan y exigen sobornos. También a los *polleros* (guías especializados en pasar ilegalmente la frontera), _____ pueden ser estafadores y _____ cobran hasta 300 dólares por sus servicios. En lo _____ tampoco piensan todavía es en los nuevos patronos _____ encontrarán en la «tierra prometida». Hasta ahora los gringos estaban interesados en la mano de obra barata. Y en ocasiones hasta llegaban a pagar de su bolsillo los 300 dólares _____ cobraban los polleros por el pase ilegal. Pero la nueva ley _____ ha entrado en vigor es dura. Los patronos _____ empleen a trabajadores indocumentados serán sancionados. Se trata de algo de lo _____ los «ilegales» no pueden ya burlarse. Algunos piensan _____ la nueva ley dará origen a una industria floreciente de falsificaciones y nada más. Lo _____ se precisará a partir de ahora será, solamente, «regularizar» la situación desde el 1 de enero de 1982.

— **Subrayad todas las frases en que aparece** *que.*
— **Clasificad y agrupad esas frases según la función gramatical del** *que.*

   Ejemplo: **Que relativo (referido a uno o más elementos que preceden:** *Los 3.125 km.* **que** *separan…).*

   Que «completivo» (para introducir o completar otra oración: *Algunos piensan* **que***…)*

   Que *precedido de* **el/lo/la** *o de preposición,* **etc.**

— **Comparad vuestros resultados con los de vuestros compañeros.**

Así fue la aventura. **3**

> Ya entrada la noche, Juan y María Guerrero se disponen a cruzar la frontera Norte de Tijuana con su camioneta «todo terreno». Pero la «migra» (policía) les somete a una minuciosa inspección. Después de tres largas horas, los agentes de la aduana de los Estados Unidos han encontrado una valiosa documentación.

a) **Analiza estos documentos y comenta con tu compañero. Haced una lista de los puntos que llemen vuestra atención.**

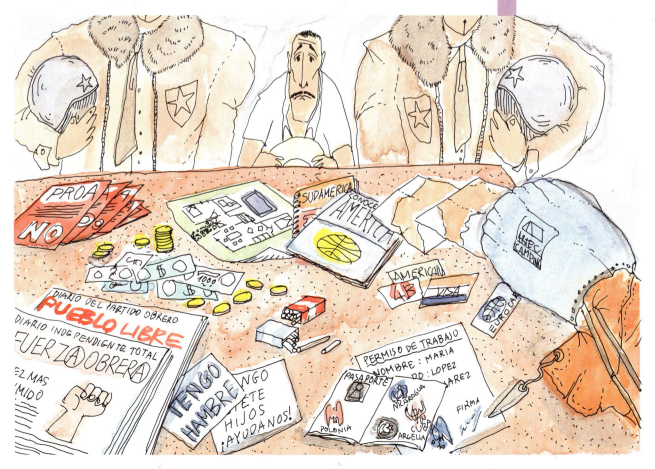

b) **Basándote en la información anterior, ¿cómo completarías cada una de estas posibles hipótesis o afirmaciones?.**

Si _____
Si _____
Aunque _____
Si _____
Aunque _____
Si _____

4   **Escribe el informe que la policía de aduanas ha de enviar a sus superiores para que éstos tengan conocimiento de los hechos relacionados con Juan y María Guerrero.**

5   **Escucha y marca...**

- **con una X las frases que sean pregunta,**
- **con una A las frases que sean afirmativas.**

1. ☐
2. ☐
3. ☐
4. ☐
5. ☐
6. ☐
7. ☐

V. El cuarto mundo

1   **Lee estos comentarios. Luego...**

- **anota cuál es el motivo de la polémica.**
- **descubre quiénes son los protagonistas de cada uno de ellos.**

- Ahmed, de Marruecos
- un vecino del pueblo
- Chiquet, de Guinea Bissau
- la propietaria de un bar
- un periodista local
- el alcalde
- el propietario de un bar

A «Son unos indeseables y el gobernador civil actúa vergonzosamente a su favor», explica la propietaria del bar Delicias, uno de los locales donde el color de la piel sirve para que el derecho de admisión se aplique con rigor. «Cuando llegan los morenos, la gente se va, porque no se saben comportar».

B «El tema de los morenos es complicado; yo mismo llegué a darles muebles, pero ahora no sé qué pasa. A este paso tendremos que dejarles las mujeres».

C «Pues pasa lo que tú ya sabes, que algunos clientes no quieren que haya negros en los bares; a mí me lo han pedido algunos. Pero mientras paguen sus consumiciones, y en mi local siempre lo han hecho, yo no les voy a impedir la entrada.»

D «No existe racismo de ningún tipo. Si a los africanos no se les deja entrar en algunos bares es porque no se comportan convenientemente. El problema se resolvería no contratando a los africanos en situación ilegal. A los que no trabajen aquí no quiero ni verlos».

E «Nadie ha presentado ninguna denuncia contra estos establecimientos, porque la inmensa mayoría de los magrebíes que viven en este pueblo han entrado de manera ilegal en España. Por 80.000 pesetas, hay embarcaciones que pasan inmigrantes ilegales desde el norte de África hasta la costa andaluza, donde son desembarcados. En una de las pensiones donde se alojan pagan 1.300 pesetas por semana, que se convierten en 2.000 pesetas cuando se trata de recién llegados. Si cualquier día no hay suerte y se quedan sin trabajo, regresan a la habitación, que ocupan hasta cinco personas. Allí comen y esperan al día siguiente.»

F «Lechugas y espinacas es lo que más recogemos ahora; nos pagan unas 2.000 pesetas diarias y debemos llevar el pan nosotros, porque en caso contrario no comemos. Los jóvenes no son racistas, pero la gente mayor sí; en tres bares del pueblo, al menos, no sirven a los moros. Una vez entré en uno de ellos, pedí una limonada y no me sirvieron, se hacían los sordos».

G «Empecé a trabajar el día 23-6-85 con un empresario, mediante un contrato de seis meses y salario de 2.000 pesetas/día, pero únicamente me abona 1.600 y hace ocho meses que trabajo para él. Quiero reclamar la diferencia. La jornada diaria es de 10 horas o más. En el invierno he podado todos los árboles de su finca; vivo en una chabola en condiciones infrahumanas: no tiene ni agua, ni luz, ni baño».

2   **Anota, en los textos anteriores.**

     a)   **Las oraciones compuestas, iniciadas con *cuando, si* y explica el uso de los tiempos verbales en ellas.**

     b)   **El uso y función de todos los *que* utilizados.**

3   **Subraya ocho palabras que no hayas comprendido en los textos anteriores. Pregunta su significado a tu compañero o al profesor, si es necesario.**

4   **Debate en grupos.**

     Elegid a uno de esos personajes y defended su punto de vista ante la clase.

5   **El informe final.**

     Lo más importante del informe es la objetividad y organización de los datos. Con la información de esta unidad sobre ricos y pobres, Norte y Sur, escribe un informe titulado *El Sur está en el Norte.* Ajústate a esta secuencia.

1. Introducción.
2. Tesis.
3. Datos aportados.
   Análisis de la realidad.
   Ejemplos reales.
4. Conclusiones y recomendaciones.

Consulta el Apéndice gramatical   *Pág. 161*

I.   Casi todo un continente

En grupo.   **1**

a)   Escribe el nombre de un país hispanoamericano debajo de la letra inicial
que le corresponda.

A	B	C	D	E	F	G
H	I	J	K	L	LL	M
N	Ñ	O	P	Q	R	S
T	U	V	W	X	Y	Z

b)   ¿Cuántos has escrito? Comprueba tus conocimientos en el mapa adjunto.

2 **Escucha: Señala en el mapa anterior a qué país se refiere la noticia.**

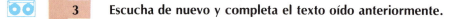

3 **Escucha de nuevo y completa el texto oído anteriormente.**

La situación política y social de Perú se vuelve _____ más violenta. Fueron necesarios cuatro días de tensión y disparos _____ para que el presidente García y el secretario general del APRA _____ a un acuerdo y a promesas no conocidas para que la policía _____ fin a la sublevación. No es la primera vez que se _____ la disciplina de los guardias peruanos. El 5 de febrero de 1975 la ciudad de Lima _____ totalmente desprotegida y a merced del saqueo y pillaje porque la policía se _____ en huelga. Los muertos _____ entonces más de 100. Ahora el ejército _____ que salir a la calle para conservar el orden y la paz, a la vez que _____ los edificios oficiales. Pero los militares también _____ revueltos: no está clara la situación de los militares _____ tras el asalto a los penales el año pasado. Por si no _____ bastante, los precios suben, la inflación _____ y algunos artículos escasean en las tiendas y en el mercado.

4 En parejas. **Trata de reescribir la noticia anterior cambiando algunos verbos y añadiendo o suprimiendo lo que consideres necesario.**

Ejemplo: *«La situación política y social de Perú se ha vuelto...»*

5 En grupos. **Traducid la noticia anterior a vuestra lengua, con la ayuda de un diccionario si es necesario.**

Uno de los grupos lee luego su traducción a la clase. Con la ayuda del profesor y las observaciones de los demás grupos se elaborará la traducción definitiva.

II. Campesinos sin maíz

1

En parejas. **Anotad todo lo que sepáis sobre...**

- Colombia
- Cuba
- México
- Venezuela

Lee estos textos y relaciónalos con las fotos.

2

A. Colombia y Venezuela llevan ya 20 años discutiendo sobre la posesión de un pedazo de mar en el golfo de Venezuela. En los últimos años ha vuelto a crecer la tensión entre ambos países. Hace unos meses dos patrulleras venezolanas se encontraron frente a frente con una fragata colombiana y se originó una situación «explosiva». Tanto uno como otro país reivindicaron la propiedad del golfo y se llegaron a cerrar las fronteras. Quizá ni Colombia ni Venezuela lleguen a utilizar las armas, pero durante unos meses ha habido gran movimiento de tropas a uno y otro lado de la línea fronteriza.

B. La Habana es una ciudad múltiple que escapa a las definiciones. Fue fundada y creció alrededor de uno de los mejores puertos naturales del mundo. Cuatro fortalezas españolas defendían su próspero comercio del ataque de los piratas y corsarios. Hoy la gente pasea tranquila por sus calles, entre iglesias, palacios y casas deterioradas por el mar y los años. Es La Habana vieja, una joya del arte colonial que la Unesco está restaurando minuciosamente. Pero el pulso de La Habana reside en el malecón de 11 kilómetros de largo que recorre la bahía y comunica entre sí los barrios más poblados. La vida y bullicio se prolongan por este paseo, donde tampoco faltan pacientes pescadores o parejas que contemplan el impresionante crepúsculo.

C. Los mejicanos contemplan con apatía y desesperación el progresivo hundimiento económico de su país. En pocos años han pasado de la abundancia a la escasez. José Landín, casado, de 39 años, explica que su sueldo mensual es de 80.000 pesos (unos 90 dólares). «Esta camisa —dice— ya me cuesta 5.000 pesos». Chiapas, un joven maestro, también afirma que su Estado «vive en la ignorancia y la marginación. Produce mucho, pero todo va a los que tienen el poder. El pueblo está explotado». En estas condiciones, cada día cuesta más sobrevivir. ¿Hasta cuándo? Ésta es la pregunta que hoy está en la boca de todos: hasta cuándo podrá resistir el país sin que se produzca un estallido social ante el deterioro de la economía, el empobrecimiento de la población y los atropellos del poder.

3   *a)* Pon un título a cada uno de los textos anteriores.

    b) Comunicad vuestros títulos a la clase y seleccionad los más adecuados.

4 Escucha: ¿Con cuál de los textos anteriores relacionarías esta información?

5 Revisa una vez más los textos de 2 y subraya al menos cinco verbos con irregularidades en su conjugación.

Ejemplo: **Crecer - Crezco,** etc.

Pregunta a tu compañero por sus anotaciones y compáralas con las tuyas.

6 En grupo. **Buscad algunos sinónimos de las palabras siguientes (contenidas en textos de 2).**

discutir	encontrarse
se originó	utilizar
fue fundada	próspero
se prolongan	impresionante
abundancia	afirma que

Enumerad las palabras opuestas (antónimos) de...

llevar	ir
encontrar	movimiento
tranquilamente	poblado
sobrevivir	resistir

III. Libertad sin ira

1 Escucha este ensayo sobre las democracias hispanoamericanas: ¿Cuál es la idea principal del texto? Escríbela.

Lee el siguiente texto y anota los argumentos que se utilizan para defender la idea principal que escribiste anteriormente.

Se acabó la censura. Se alza el telón y el público estalla en aplausos. Pero, cuidado, esa bella señorita llamada Democracia puede ser un travestido: se desnuda y aparece un coronel.

¿Democracia o *democradura?* La «democradura», democracia vigilada o hipotecada por los militares, democracia sometida a la libertad condicional, se está imponiendo como fórmula de recambio ante el crepúsculo de los regímenes militares en América Latina. Los presidentes civiles recién llegados al gobierno no tienen que tomarse muy en serio el cargo que ocupan: son como rehenes del poder militar y del sistema económico por cuya salud velan las estructuras militares.

Según la nueva filosofía imperante, el lugar de los militares no está en el trono, sino detrás. Ellos mismos se encargan de que los gobiernos civiles que empiezan queriendo cambios terminen haciendo todo lo posible para evitarlos. Los gobiernos civiles gobiernan, pero no mandan. Acaban aceptando la idea de que el realismo les obliga a ser impotentes y ese realismo acaba por convertirlos en «paralíticos» de la política: mencionan la reforma agraria, pero no pueden realizarla; prometen justicia, pero no pueden practicarla; pueden prometer, pero no pueden hacer.

El llamado Tercer Mundo consume más armas que alimentos. En Uruguay, la gente de uniforme sigue llevándose el 40 % del presupuesto nacional. Y el gobierno civil hizo confesión pública de su impotencia al aceptar que los comandantes no se presentasen a declarar ante la justicia civil: se aceptaba así la ley de la impunidad de los militares. Hasta el ministro del Interior explicó, por ejemplo, que la violación de prisioneras en cuarteles o comisarías merecía la amnistía «siempre y cuando se haya hecho para amedrentarlas». Sin que el gobierno haya hecho nada para corregir lo anterior, ha comenzado en Uruguay una campaña de recogida de firmas contra dicha ley.

Uruguay es un ejemplo, pero no el único. Para que las fuerzas armadas se convirtieran en ángeles custodios y armados se formuló la doctrina de la seguridad nacional. La seguridad nacional ponía a buen resguardo no tanto a la nación como a los guardianes y gobernantes de ésta. Se llegaba así a convertir en ley el propio interés y permanencia de unos pocos en el poder. Baste con recordar lo que ocurrió en Guatemala cuando el gobierno de Arbenz se pasó de la raya, o Goulard en Brasil, o Allende en Chile. La reforma agraria es la asignatura pendiente de casi todos los gobiernos latinoamericanos. Todos la prometen, pero ninguno ha podido imponerse a los terratenientes. Referirse a la reforma agraria es tanto como afirmar que no habrá tal reforma...

Desastres espectaculares, como la guerra de las Malvinas en Argentina, pueden provocar la caída de una dictadura militar. La guerra había puesto en evidencia la escasa consistencia de un gobierno militar que sólo había demostrado su capacidad para matar a compatriotas. Pero, ¿volverán a empezar los argentinos? La injusticia ha empezado a castigarse, pero el sistema económico parece que no ha sido tocado sustancialmente. La inflación castiga a los trabajadores y los torna nerviosos y neuróticos. A un amigo que había vuelto del extranjero le decían unos compañeros en la barra de un café: «Nos tenés preocupados. Te vemos muy sereno». Y es que para que uno parezca normal debe estar nervioso o aparentarlo.

La democracia ha defraudado muchas de las expectativas de cambio que había generado. A los jóvenes no les ha ofrecido sino destierro o desesperación. La dictadura maldijo a los jóvenes. La democracia vuelve a tratarlos de igual manera, sujeta como está a la «democradura». Para que la democracia sea democracia hay que sacarla de la jaula en que está aprisionada. Lo pide a gritos un montón de países que habían sido besados por los dioses antes de ser arruinados por los politiqueros o los generales.

3 Subraya en el texto anterior las palabras que no entiendas. Busca su definición en un diccionario de español antes de encontrar la equivalencia en tu lengua materna.

4 *a)* Subraya en el ensayo de 2 las oraciones que contengan...

para que
sin que
volver a + *infinitivo*
llegar a + *infinitivo*
tanto... como

b) Observa los tiempos verbales que se exigen en cada caso y anótalos.

5 *a)* Completa las siguientes frases guiándote por los modelos anteriores.

- La democracia ha llegado a   .
- Para que todo   , es preciso hacer lo que mandan los militares.
- Sin que   , acaban por aceptar «la realidad».
- Nunca hacen tanto   dicen.
- Para que todo siga como está,   .
- Sin que la democracia pierda la torma,   .
- Llegó a

b) Pregunta a tu compañero por sus frases y compáralas con las tuyas. Consultad vuestras dudas con el profesor.

6 En grupo. Subrayad en el texto anterior todas las palabras que tengan algún sinónimo a lo largo de todo el ensayo.

IV. Risas en la boca del lobo

Rostros históricos. **1**

a) **Escribe una lista de adjetivos para cada una de estas fotografías.**
b) En parejas. **Unid vuestras listas y expresad vuestra actitud hacia estos personajes.**

Entretenimiento lingüístico. Escucha atentamente: Comprueba si las frases que oyes están contenidas en el texto y, en tal caso, subráyalas. **2**

Cuba, por su forma, es como un cocodrilo tendido al sol del Caribe frente al golfo de México. El tópico, en este caso, se ajusta a la verdad. Pero en la piel de ese cocodrilo crecen los bosques, florecen los arbustos y cantan las aguas. El territorio es llano en su mayor parte, con la excepción de la sierra de los Órganos y la famosa sierra Maestra, tradicional refugio de guerrilleros.

El verde tropical es dueño absoluto del paisaje. Plantaciones de caña, de café y de tabaco alternan con la selva y la manigua. Al llegar a Pinar del Río nos saciamos de autenticidad frente a los típicos bohíos, que todavía son el hábitat del campesino. En Pinar del Río están las más importantes fábricas de tabacos —entiéndase cigarros puros—, empezando por la célebre de Vuelta Abajo. Los operarios hacen los cigarros a mano mientras un compañero lee la prensa en voz alta o unos capítulos de una novela, poniendo en práctica una reivindicación laboral que obtuvieron hace cien años.

Lee el texto de nuevo y anota cuál es una curiosa tradición aún viva y practicada en Cuba. **3**

4 ¿Recuerdas la estructura del ensayo?

> 1. *Título.*
> 2. *Tesis.*
> 3. *Desarrollo del tema y exposición razonada del mismo.*
> 4. *Conclusión.*

Completa los párrafos que faltan por escribir.

1. ***Risas en la boca del lobo.***

2. El humor es una de las maneras más sutiles que suele mantenerse y practicarse cuando las circunstancias son adversas. El humor político es propio de aquellos países en los que la dictadura prohíbe cualquier otro tipo de expresión pública que no sea decir siempre sí a lo que el gobierno afirma o permite que se diga.

3.

a) Cuentan que los presidentes de Argentina, Estados Unidos y Chile se reunieron en cierta ocasión para conversar con Dios sobre el futuro de sus respectivos gobiernos.

—A mí me queda sólo un año de gobierno —dijo Reagan, y se puso a llorar.

—Pues a mí me faltan todavía dos años de gobierno —dijo Alfonsín, y también rompió a llorar.

—A mí me quedan…, —comenzó a decir Pinochet, y Dios se echó a llorar.

b) Falta poco para que el general Pinochet se presente de nuevo a la reelección presidencial. Casi con toda seguridad el candidato único

Los chilenos, sin embargo

reír

El humor

de otros presidentes. Pero ahora

c) En 1987, se creó la revista *Hoy,* dedicada al humor político

Del ministro de Transportes se dice que
basta con «que se elimine el último carro de cada convoy».
Pero en la televisión

Algunos comentan que todo civil
Pero   «civilizarse»

4.   El humor es la salvación del desesperado
la gracia de
la salvación

Lee tu ensayo a toda la clase y acepta las sugerencias de tus compañeros sobre...   **5**

- *uso de los tiempos verbales.*
- *abundancia del vocabulario utilizado.*
- *grado de adecuación de tu entonación.*

V.   Hispanoamérica: una bomba de tiempo

En parejas. **Corrige los errores en el uso de los tiempos verbales y en los elementos que preceden al *que.***   **1**

Los cereales son por antonomasia los alimentos más ricos en fibra vegetal. Así, el trigo, maíz y arroz se convierten en los supremos cuidadores de nuestras digestiones. Una buena fuente de fibra es el pan integral, sobre todo el en que no lleva harina blanca y salvado, aunque este último contendría mucha fibra. El salvado también se incluya entre estos alimentos. También las frutas contengan fibra, así como las verduras, aunque éstas tienden a producir una mayor cantidad de gases. La manzana, por ejemplo, la que es muy apreciada, contiene un 2 % de fibra y un 84 % de agua; la patata hervida, un 1 % de fibra y un 81 % de agua; el arroz blanco, el en que confían tantos habitantes de Asia, un 0,8 % de fibra y 70 % de agua; el pan blanco, un 2,7 % de fibra y 39 % de agua. En casos normales, por tanto, una dieta a base de pan integral, frutas y verduras fuese suficiente para mantener un régimen alimenticio equilibrado y sano.

2   Ideas para un ensayo: Lee lo que sigue y añade tú algo más.

LA CORRUPCIÓN POLÍTICA ES DEMASIADO FRECUENTE
EN MUCHOS PAÍSES DE HABLA HISPANA.

LOS USUREROS OCCIDENTALES HAN ESTADO PRESTANDO
DINERO A HISPANOAMÉRICA PARA SEGUIR LLEVÁNDOSE LOS BENE-
FICIOS
DE ESTOS PAÍSES.

La guerrilla se alimenta de la pobreza de las gentes.

Hispanoamérica es rica en recursos naturales,
pero pobre en recursos humanos. Son muchos
los habitantes, pero poca su preparación técnica.

MÁS EDUCACIÓN Y MENOS GUERRILLAS.

3   Ordena las ideas o frases anteriores para escribir un ensayo.

- Ponle un título.
- Acaba con una conclusión.

4   Lee el ensayo de tu compañero y haz anotaciones sobre su...

- *presentación.*
- *ortografía.*
- *corrección gramatical.*

5   Seleccionad el que consideréis mejor ensayo de la clase. Luego traducid-
lo a vuestro idioma con la participación y observaciones de todos hasta
lograr un texto definitivo.

Consulta el Apéndice gramatical   *Pág. 162*

7 *Érase una vez...*

I. Relatos de cada día

Lee el siguiente texto. Identifica, ordenando los párrafos, cada una de las tres historias contadas.

1. Aquello fue una tragedia. «Jamás he sentido tanto miedo y tanta angustia», decía una de las supervivientes. Más de 100 personas desaparecieron bajo las aguas. Sólo unas pocas pudieron salvarse de los tiburones.

2. El osado marinero se guiará por el diario de Colón y utilizará un frágil barco de 12 metros.

3. Junto con otros víveres, irá provisto de 30 litros de ron.

4. Los Reyes de España visitaban las ciudades de origen hispánico en Estados Unidos. Muchos hispanos se acercaban a saludar a los Reyes, con afecto y curiosidad.

5. Al lado estaba la Reina Doña Sofía. Oyó la pregunta de la señora y respondió con humor: «Cuando salimos de viaje solemos dejarla en casa, señora».

6. Tras la explosión de los motores de la lancha, todos los pasajeros se lanzaron al agua. Probablemente debido al movimiento provocado por este hecho, acudieron los tiburones.

7. D. Peck, ex coronel del Ejército de los Estados Unidos, de 69 años de edad, partió el martes pasado desde Palos de la Frontera para conmemorar el viaje que Colón realizó hace 500 años.

8. Se trataba de un viaje más de los muchos que realizaban hacia Puerto Rico: personas sin trabajo se trasladaban a este país para ganar su vida. Mediante el pago de cierto dinero, eran transportados ilegalmente en barcos y lanchas a veces poco fiables. Éste era el caso del «Victoria». Cuando estaban a poca distancia de la costa explotó uno de los motores.

9. Una señora de aspecto sencillo pudo acercarse finalmente hasta Juan Carlos. Le saludó, estrechó su mano y preguntó con inocencia: «Majestad, ¿y la corona?»

2 Pon un título a cada una de las historietas reconstruidas por ti. Pregunta a tus compañeros por los suyos y compáralos.

3 Escucha estos tres párrafos: ¿A qué historieta de las anteriores pertenece cada uno de ellos?

a)
b)
c)

4 En uno de los relatos anteriores se lee *pudieron*.

- Identifica el tiempo de este verbo.
- Señala la irregularidad de esta forma en relación con el infinitivo.
- Subraya todos los verbos de los textos de 1 que se comporten de manera similar.

5 Busca, en los textos anteriores, las palabras que correspondan a las siguientes definiciones o equivalencias.

- Estado de ánimo de una persona, que le predispone a estar contento y ser amable.
- Desgracia grande.
- Cambiaban de lugar.
- Librarse de un peligro poniéndose a buen resguardo.
- Iban a ver un lugar para conocerlo, por cortesía, etc.
- Tenemos por costumbre.
- Realizar un acto para traer a la memoria un acontecimiento pasado.
- Embarcación pequeña.
- Espacio que existe entre dos puntos o lugares.
- Se aproximaban.
- Manera de presentarse a la vista una cosa o persona.

6 Revisa una vez más todos los textos anteriores y subraya las frases que contengan la partícula *se*. Asocia cada una de ellas a uno u otro de estos modelos.

se *trataba de un viaje más...*

...*todos los pasajeros* se *lanzaron al agua.*

II. *Juan el Oso*, I

En parejas. **¿Recordáis algún cuento de vuestra niñez? Anotad los títulos.** **1**

Escucha la primera parte de *Juan el Oso*. **2**

Escucha de nuevo y responde a estas preguntas. **3**

a) ¿Qué hacía la muchacha cuando se perdió en el bosque?
b) ¿Con quién se encontró, que la llevó a su cueva?
c) ¿Qué hacía el oso para que ni madre ni hija pudieran salir de la cueva?
d) ¿Cómo mató el niño al oso?
e) ¿A qué edad abandonó el niño a su madre?
f) ¿Cuánto pesaba la porra que llevaba el niño?
g) ¿Con qué personajes se encontró el niño?
h) ¿Por qué se llamaban así?

4 **Escucha y completa la introducción de este cuento.**

_____ ya mucho tiempo vivía en un pueblo una muchacha que _____ a cuidar vacas. _____ se le perdió una y _____ a buscarla por todas partes; sin darse cuenta, _____ a un monte que estaba muy lejos. Allí le salió un oso, _____ y se la llevó a la cueva. _____ de estar viviendo con él algún tiempo, la muchacha tuvo un hijo. El oso, que nunca _____ salir de la cueva ni a la madre ni al hijo, _____ de comer todos los días, teniendo que quitar y poner una gran piedra con la que _____ la entrada de la cueva.

Pero el niño _____ creciendo y haciéndose cada vez más fuerte. Un día, cuando ya _____ doce años, _____ la enorme piedra con sus brazos y la _____ de la entrada, para poder escaparse con su madre. Cuando ya _____ de la cueva, apareció el oso. Entonces el muchacho cogió otra vez la piedra, se la _____ al animal, y lo _____.

5 **Al escribir el párrafo siguiente se han cometido varios errores. Lee y anótalos.**

La madre regresó al pueblo con su hijo, que se llamó Juan. Lo ponió enla escuela, pero Juan andaba todo el día se peleando con los demás muchachos, los maltrató y hasta se peleaba con el maestro. Por fin le dijeron la madre que tenía que quitarlo de allí y el muchacho dijo que quiso irse del pueblo. Pidió que le hacían una porra de siete arrobas y así fue. Era tan pesado, que tuvieron que la se traer de la herrería entre cuatro mulas. Pero él la cogió como si nada y se marchaba.

6 **Clasifica los errores encontrados en el texto anterior.**

● errores sintácticos (palabras mal colocadas): _____
● errores ortográficos: _____
● errores en el uso de tiempos verbales: _____

III. *Juan el Oso*, II

1 **He aquí la segunda parte del cuento. Ordena adecuadamente los párrafos para reconstruirla.**

①
Cuando volvieron Juan y Arrancapinos, se quedaron muy sorprendidos al ver lo que había pasado.
—Está bien —dijo Juan el Oso—. Mañana se quedará Arrancapinos.
Cuando Arrancapinos estaba preparando el fuego, apareció otra vez el duende y dijo:

② Otro día llegaron los tres a una sierra donde había muchos pinos, y como tenían mucha sed, dijo Juan el Oso:

—A ver si es verdad lo que sabéis hacer. Primero tú, Arrancapinos, tienes que arrancar todos los pinos. Y luego, tú, Allanamontes, tienes que allanar todos esos montes. Y después yo haré un pozo.

③ —¿No te enteraste ayer de que ésta es mi casa?

Y sin decir más cogió la cachiporra y le dio una buena paliza a Arrancapinos, le apagó la lumbre y se ensució en los cacharros de la comida.

④ Cuando volvieron los otros dos y se enteraron de lo que había pasado, Juan se enfadó mucho y dijo:

—Mañana me quedaré yo.

Al día siguiente, Juan el Oso hizo la lumbre y de nuevo apareció el duende, diciendo:

—¿Todavía no te has enterado de que ésta es mi casa?

⑤ Así lo hicieron. En un momento Arrancapinos dejó todos los montes pelados y Allanamontes se puso a moverlos y a aplastarlos con el culo hasta que todo quedó como la palma de la mano. Entonces Juan cogió su porra de siete arrobas y de un solo golpe en el suelo abrió un pozo muy hondo. Se asomaron los tres, pero era tan hondo, que sólo vieron la oscuridad. Juan el Oso dijo:

—Ahí tiene que haber algo. Vamos a echar una cuerda y lo veremos. Primero bajará Arrancapinos con una campanilla y, cuando vea algo, la tocará para que lo saquemos.

⑥ De pronto se abrió una de las puertas y apareció una muchacha. Juan le preguntó que quién era y ella le contestó:

—Soy una princesa y estoy aquí encantada por un gigante desde que un día me atreví a tocar un manzano que había en el jardín del palacio y al que mi padre me tenía prohibido acercarme. Fue entonces cuando se abrió la tierra y me tragó. Ahora tú tampoco podrás salir de aquí.

—Eso ya lo veremos —contestó Juan el Oso.

⑦

Cogió otra vez la cachiporra dispuesto a darle una paliza a Juan el Oso, pero Juan el Oso cogió la suya, de siete arrobas, y con sólo dos golpes que le dio, el duende se declaró vencido. Después se cortó una oreja y se la entregó a Juan el Oso, diciéndole:

—Cada vez que te encuentres en un apuro, sacas la oreja y la muerdes.

Cuando volvieron los otros dos, Juan el Oso les dijo que eran unos cobardes y les contó lo que él había hecho con el duende.

⑧

Pero, antes de llegar al fondo, Arrancapinos sintió mucho frío y tocó la campanilla. Luego bajó Allanamontes, y sintió mucho calor y también tocó la campanilla, para que lo subieran. Por fin bajó Juan el Oso, que llegó hasta el fondo, donde había una cueva con tres puertas.

2 Resume el cuento, parte I y II, en pocas líneas, anotando lo que han hecho cada uno de los protagonistas.

Juan el Oso:
Arrancapinos:
Allanamontes:

3 Lee el texto ordenado, de III.1, y subraya las oraciones introducidas por *cuando*. Observa las formas de los verbos utilizados en esas oraciones.

Ejemplo: **Cuando *volvieron Juan y Arrancapinos, se* quedaron *muy sorprendidos al ver lo que había pasado.***

Nota *que los tiempos de cada una de las oraciones dependen uno del otro.*
Busca *más oraciones compuestas en el texto y, en grupo, clasificad los ejemplos tratando de elaborar una regla o generalización.*
Consultad *al profesor o al Apéndice gramatical.*

 4 Escucha una parte del cuento y repite intentando imitar la entonación dada al relato.

IV. Y a mí no me dieron porque no quisieron

1 Lee el cuento de *Juan el Oso,* partes I y II: ¿Cuál crees que será el final?

En parejas. **Anotad «vuestro final».**

2 Escucha ahora la continuación.

3 En grupos. **¿Consideráis que un cuento puede acabar así?**
Anotad vuestras opiniones primero y luego exponedlas a la clase.

4 Reconstruid el final del cuento original.

Cuando se cansó de tocar la campanilla, Juan el Oso ▭▭▭▭▭▭
y estuvo muchas horas dando vueltas por la cueva sin poder salir. De pronto ▭▭▭▭▭▭▭▭ el duende, y se sacó la oreja del bolsillo. Le dio un mordisco y al momento ▭▭▭▭▭▭▭▭▭▭▭ . En seguida lo sacaron de la cueva, ▭▭▭▭▭▭▭ y un caballo volador, con el que pudo llegar al palacio ▭▭▭▭▭▭▭ , pues los dos decían que habían desencantado a la
princesa. Todo el mundo en el palacio ▭▭▭▭▭▭▭▭▭ , aunque la princesa estaba muy triste. Juan el Oso se metió entre la gente, y ni siquiera la princesa ▭▭▭▭▭▭ al principio, debido al ▭▭▭▭▭▭▭▭▭ los enanillos. Por
fin se acercó a ella y le ▭▭▭▭▭▭▭ la sortija que ella le había entregado en la cueva. Entonces la princesa ▭▭▭▭ :
   —¡▭▭▭▭▭▭▭▭
desencantado!
   El rey y todo el mundo se sorprendieron, pero tuvieron que convencerse, cuando ▭▭▭▭▭▭ . A los otros dos los castigaron, y Juan el Oso y la princesa ▭▭▭▭▭▭▭▭▭ . Y a mí no me dieron porque no quisieron.

5 Escuchad el final original y corregid vuestra reconstrucción anterior.

6 Revisa tu clasificación del uso de *se* en I.6. Lee una de las partes de *Juan el Oso* y añade a tu lista más ejemplos del uso de *se* en cada una de las modalidades.

V. ¡A contar cuentos!

1 ¿Eres capaz de identificar y contar todas las palabras que no has entendido a lo largo del cuento de *Juan el Oso*?

Anota el número y pregunta a tu compañero por «su situación» al respecto.

¿Eres capaz de contar también las que has aprendido escuchando y leyendo el cuento?

2 Revisa una vez más el cuento dividiéndolo en las siguientes partes, que forman su estructura de «cuento».

a) Inicio del cuento presentando a los protagonistas y describiendo la acción que origina el relato.

b) Narración de los diversos sucesos referidos al protagonista y a sus amigos.

c) Narración del hecho principal que preparará al lector para el desenlace final.

d) Suspense: el protagonista parece que va a perder.

e) Recurso a algo imprevisto y triunfo del protagonista.

3 Intenta escribir «tu cuento» utilizando alguna ayuda. Completa el relato.

El muchacho vivía como un salvaje en la soledad, y los barqueros que pescaban en el lago le oían gritar desde muy lejos en las mañanas de calma:

—¡Sancha, Sancha!

Sancha era una serpiente pequeña, la única amiga que le acompañaba
                              leche

Otras veces el pastor se entretenía

Las gentes de la Albufera le tenían por brujo
demonio

La serpiente crecía y el pastor era ya todo un hombre

y que se hallaba peleando en las guerras de Italia.

Transcurrieron ocho o diez años y un día los habitantes de Gales vieron llegar por el camino de Valencia   a un soldado: era el pastor que regresaba

Llegó a la llanura

—¡Sancha, Sancha! —llamó suavemente el antiguo pastor

Y cuando hubo repetido
                entre los juncos
          era Sancha. Pero enorme, soberbia

—¡Sancha! ¡Cómo has crecido, qué grande eres!

E intentó huir. Pero

—¡Suelta, Sancha, suelta!

Otro anillo oprimió

A los pocos días, unos pescadores _____
_____
_____

Escucha el cuento original de Blasco Ibáñez. Luego comprueba tu reconstrucción y perfecciona el relato final.   4

Lee tu cuento a la clase tratando de prestar especial atención a la entonación.   5

«Muy señor mío: ...»

I. Dinero en efectivo

1 Anota el nombre, dónde y para qué se utilizan...

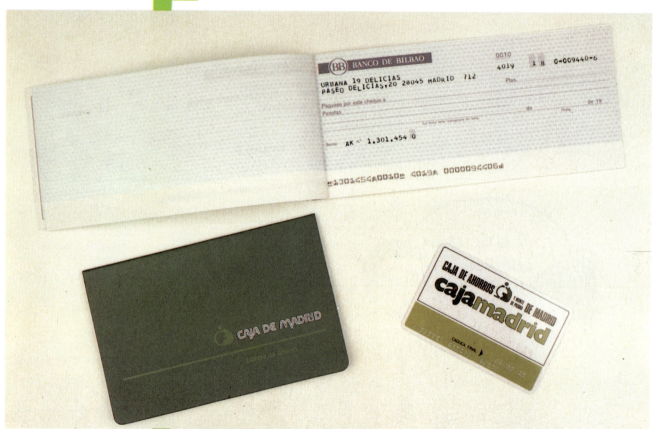

a) _____

b) _____

c) _____

2 *a)* **Observa esta lista de palabras: Subraya las que comprendas y pregunta a tu compañero por su significado.**

transferencia ● comprar ● horario ● cobrar ● prestar ● cliente ● oficina ● empleado ● pagar ● inversión ● cambio ● banco ● ingresar ● acción ● principal ● director ● apoderado ● sucursal ● reintegro ● pedir ● intereses ● interventor ● extender ● préstamo ● ventanilla ● caja ● crédito ● cambiar.

b) **Pon cada una de las palabras anteriores en la columna que le corresponda, dentro del recuadro.**

LETREROS	PERSONAL	OPERACIONES

Escucha: ¿Qué operaciones desean realizar los clientes de este banco? **3**

	1	2	3	4	5	6	7	8
Saldo Ingreso Reintegro								

4 **Escucha y rellena esta hoja de petición de reintegro parcial.**

Petición de Reintegro Parcial

N.º de orden

Caja Postal

TITULAR

| Nombre | 1.er apellido | | |
| | D.N.I. número | Fecha de expedición | |

2.º apellido

Domicilio

Teléfono

Localidad

PESETAS

Saldo de la cartilla	
REINTEGRO de	
Saldo posterior	

CARTILLA

Serie   Número

IMPORTE DEL REINTEGRO

En letra

la cantidad reseñada anteriormente

Recibí como (2) _____

a ____ de _____ de 19 ____

PÁGUESE: El funcionario

Firmado

DATOS DEL SERVICIO

SELLO RADICAL

31/90

Sello

ÚLTIMA OPERACIÓN EN CARTILLA

Clase

Importe

Fecha

Oficina

CARTILLA

Serie   Número

C-11-bis

(1) Los recuadros con trazo grueso se cumplimentarán por la Oficina.

(2) Titular, padre, autorizado, etc.

VALIDACIÓN DEL TERMINAL

76

a) **He aquí algunas frases utilizadas para iniciar una carta: Relaciona cada una de ellas con el contexto en que se utilizarían.**

5

MUY SEÑOR MÍO   *entre amigos íntimos*
ESTIMADO AMIGO   *entre enamorados*
HOLA, AMIGA   *entre profesionales*
AMADA REBECA   *a alguien desconocido*
ESTIMADO COLEGA   *entre conocidos*
DISTINGUIDO SEÑOR   *a alguien que tiene cierta autoridad*
EXCELENTÍSIMO SEÑOR   *a una alta autoridad*

b) **Busca el equivalente de tales frases en tu lengua materna.**

En grupo. **¿En qué situación o contexto se utilizarían estas frases de despedida, en la correspondencia?**

6

● SUYO AFECTÍSIMO
● CON MIS MEJORES SALUDOS
● UN ATENTO SALUDO DE
● HASTA PRONTO
● UN BESO
● UN ABRAZO MUY FUERTE
● EN ESPERA DE SU RESPUESTA, APRO-
  VECHO LA OCASIÓN PARA SALUDARLE
  ATENTAMENTE
● ATENTAMENTE
● UN ABRAZO

II.   P-RAPID: Su ordenador personal

Lee y subraya todos los adjetivos que describen este ordenador personal. ¿Conoces el significado de todos ellos? Pregunta a tu compañero o utiliza el diccionario.

1

El ordenador personal avanzado P-Rapid combina la compatibilidad PC-AT con la unidad de almacenamiento de datos más innovadora de la industria del ordenador personal: el Data PAC personal.

El DP personal es una unidad de disco tipo Winchester, independiente y sustituible, que puede ser utilizado por su sistema para una o varias aplicaciones. Además, es suficientemente reducido para caber perfectamente en un maletín de viaje y llevarlo con usted a cualquier sitio que vaya.

El DP personal ofrece igualmente, en exclusiva, un nuevo y atractivo diseño que lo hace un 40 % más reducido que cualquier otro compatible de su clase.

Adicionalmente, en su configuración base, el nuevo DP personal incluye un sistema de gestión de memoria que le permite el acceso libre a toda la memoria disponible. Para ello cuenta con paquetes de programación adecuados y potentes.

ESPECIFICACIONES

PROCESADOR:

80286 de 6 y 8 MHz.
Reloj con fecha y hora real.
Controlador de disquete en placa base. No requiere el uso de ranuras de expansión.

MEMORIA DE TRABAJO:

1 Mbyte como estándar en la placa base.
Expandible hasta 5 Mb sin consumir ninguna ranura.

TECLADO:

Universal, de 101 teclas de perfil bajo, con 12 teclas de función e indicador luminoso para teclas específicas.

DIMENSIONES:

Unidad central en disposición horizontal: 12,6″ / 320 mm. (ancho) × 15,7″ / 399 mm. (fondo × 6,3″ / 35 mm. (alto).
Teclado 19,25″ / 489 (ancho) × 8,3″ / 35 (alto).

SONIDO:

Generador de sonido programable.

2 *a)* **Anota todos los sinónimos que sepas de...**

personal
adecuado
luminoso
reducido
innovador
avanzado
independiente

b) **¿Cuántos significados conoces de...** *(además de los utilizados en el texto anterior)?*

unidad

paquete

consumir

avanzado

sistema

Has recibido una carta en la que se te hace una oferta de un ordenador personal. Léela con atención.

3

Programación, S. A.
Polígono Los Naranjos
C/ El Azahar, s/n
Valencia

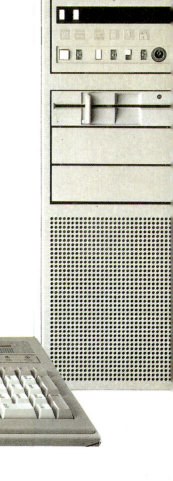

Valencia, 9 de enero de 1988.

Sr. D. Julio Suárez
C/ Platería, 44, 3.º A
30008 Murcia

Estimado señor:

La reconocida revista mensual PC PLUS, en su último número, ha dedicado un amplio artículo a nuestro DP personal. El tratamiento que recibe el nuevo modelo, proviniente de una publicación que pretende la más estricta objetividad informativa, me ha animado a hacerle llegar el texto íntegro del reportaje.

No hace aún seis meses que PROGRAMACIÓN, S. A., se estableció en España y es para mí un motivo de orgullo la inmejorable acogida que ha recibido la Compañía, tanto por parte de los medios de comunicación como por el mundo informático en general. Los resultados obtenidos con nuestros productos y el número de unidades vendidas en tan corto espacio de tiempo indican con claridad la alta calidad de nuestros productos y el acierto en haberlos ofrecido al mercado español. Ello nos anima también, con más entusiasmo si cabe, a continuar la línea iniciada y a emprender nuevos proyectos.

Estamos seguros que la información adjunta será de inestimable valor para usted y una prueba de nuestro espíritu de servicio hacia el usuario español, a quien seguiremos ofreciendo lo mejor al precio más competitivo.

Sin otro particular, quedo a su disposición para cualquier otra consulta o petición de información que pueda interesarle, a la vez que le envío un cordial saludo,

Fdo.: Roberto Delcampo
Director General de Programación, S. A.-España.

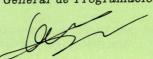

4   En parejas. **Analizad la carta anterior y anotad luego.**

a)   Disposición del encabezamiento en la carta.

b)   Fórmula de saludo.

c)   Frases de introducción y presentación.

d)   Resumen de las frases que transmiten el mensaje del Director General.

e)   Frases de conclusión.

f)   Fórmulas de despedida.

5   Compara las fórmulas de saludo, conclusión y despedida de la carta anterior con las que utilizarías en tu lengua materna. Tradúcelas.

III.   Empresa e informática

1   Estás interesado en los productos de *Programación, S. A.,* y escribes una carta solicitando más información. He aquí el modelo: sólo tienes que completarlo.

_____, 5 de febrero de 198_

Sr. Director General
PROGRAMACIÓN, S. A.

_____ señor:

He recibido y _____ con interés su carta de 9 _____ enero pasado en la que _____ informa sobre algunos de sus _____ y la calidad de los mismos. También _____ leído con interés el _____ que la revista de informática PC PLUS ha realizado sobre su DP personal.

Actualmente _____ montando un nuevo negocio de distribución de _____ escolar y necesito precisamente un PC de _____ reducido para poder utilizarlo en los dos locales de _____ dispongo. Al mismo tiempo necesito que el mencionado PC _____ potente y disponga de bastante memoria RAM. Como _____ de esos extremos no figuran en su folleto, _____ que me informase expresamente sobre ello.

Esperando su rápida y pronta _____, quedo a Ud. suyo afectísimo,

Carlos _____

Escucha la carta anterior y compara tu versión con el original. **2**

Al cabo de unos días recibes la información solicitada. Léela y anota **3**
las características que a ti te inteseraban, según la carta de 1.
¿Te interesa comprar el PC descrito?

Microprocesador:
Intel 80286, trabajando con una frecuencia de reloj de 12 MHz. Arquitectura de 16 bits reales con bus de direccionamiento de 24 líneas, que le permite acceder hasta 0,16 millones de posiciones de memoria.
Existe un zócalo vacío para el coprocesador aritmético **80287.**

Memoria RAM: 1.024 Kbytes (1 Mbyte). De ellos 640 K son vistos directamente por el s.o. **MS-DOS.** Gracias a la técnica *mapper,* este ordenador puede direccionar más memoria sin recurrir al modo virtual del microprocesador, en emulación de la tarjeta **Above Board** de **Lotus-Intel-AST.** Se puede incrementar la RAM hasta 5 M sin utilizar los *slots* de expansión.

Un bloque de 128 Kbytes actúa como memoria *caché* que hace posible un importante incremento en la velocidad de acceso a disco.

Unidades de almacenamiento masivo:
El controlador de disco permite conectar una unidad de 5 1/4″ en las versiones de 360 K por *diskette* (estándar **TX**) o 1,2 Mbytes (estándar **AT**). Una o dos unidades de cartucho **Datapac** con capacidad para 30 M. A finales de año está previsto el modelo de 100 Mbytes.

Interfaces:
Serie y paralelo incluidos en la tarjeta principal, no requiriendo *slot* alguno.

Teclado:
Configuración qwerty castellano siguiendo el estándar **IBM** de 84 teclas. Igualmente está previsto el nuevo teclado de 102 teclas.

Monitor:
Ámbar o verde de alta calidad y 14″. En la configuración base se incluye una tarjeta gráfica EGA tipo **Hércules,** existiendo opciones CGA entre otras. Asimismo se puede optar por el monitor en color.

Sistema operativo:
DOS 3.1 de **Microsoft** y entorno operativo **Windows** de la misma firma, incluyéndose **Window Write** y **Window Paint.**
Es posible implementar el **Xenix** o **Concurrent CP/M** entre otros.

4 En grupo. **Analizad el texto anterior y subrayad las palabras que, a vuestro criterio, no son españolas.
¿Se utilizan también en vuestro idioma, en un contexto similar?**

5 **Diviértete aprendiendo**

**El español también tiene recursos para crear nuevas palabras. Utilízalos uniendo los prefijos de la izquierda con alguna de las palabras de la derecha para formar nuevos términos. ¿Cuántas nuevas palabras has «creado»?
Compáralas con las de tu compañero.**

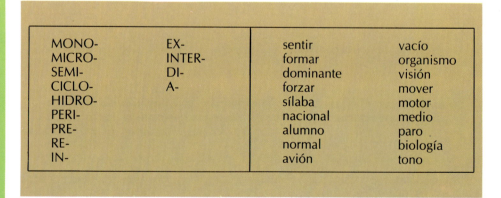

MONO-	EX-	sentir	vacío
MICRO-	INTER-	formar	organismo
SEMI-	DI-	dominante	visión
CICLO-	A-	forzar	mover
HIDRO-		sílaba	motor
PERI-		nacional	medio
PRE-		alumno	paro
RE-		normal	biología
IN-		avión	tono

IV. Credinegocios

1

¿Recuerdas cómo se inician y concluyen las cartas? Pon el encabezamiento, conclusión y despedida adecuados a cada una de estas dos cartas.

a)

¿Le gustaría vivir en un pequeño poblado como de principios de siglo, pero con las comodidades actuales?

¿Le agradaría pasarlo bien con su familia viviendo entre dos aguas?

¿Le interesaría que su inversión se revalorizara rápidamente y además le desgravara un 17 % en su declaración anual de la renta?

Si estas razones le convencen, confíe en nosotros: llevamos 14 años construyendo y lo hacemos con experiencia y calidad.

Llámenos por teléfono y le demostraremos que es cierto cuanto decimos.

b)

Gracias por tu carta, en la que me informas de las últimas publicaciones sobre el tema de la economía de grupo. Hacía tiempo que deseaba estar al corriente de esta manera de enfocar los estudios económicos, pero no me había sido posible dar con la información.

2

Has decidido comprar el ordenador personal DP sobre el que pediste información. Para ello necesitas pedir un préstamo al banco. Te entrevistas con el director de la sucursal cercana a tu casa.

a) Escucha.

b) Escucha de nuevo y rellena el siguiente impreso con los datos contenidos en la entrevista.

caja murcia

Caja de Ahorros de Murcia

SOLICITUD DE CREDITO Y
DECLARACION PATRIMONIAL

En relación con la solicitud de credito que les formulo y al objeto de facilitar la necesaria información que les sirva de base en nuestras relaciones bancarias de toda índole, suscribo la presente DECLARACION PATRIMONIAL, afirmando bajo mi responsabilidad que en la que en la relación que sigue no hay omisión trascendental, así como que tales bienes me pertenecen en plena propiedad y que no tienen más carga ni gravámenes que los que se expresan.

C.I.G. 30010185 - Mod. 102-3

Nombre y apellidos:			D.N.I. Nº	
Fecha nacimiento	Estado:	Nombre cónyuge	D.N.I. Nº	
			Teléfono:	
Domicilio:				Distrito Postal
Población:		Provincia:		
Para Sociedades: Denominación literal actual			C.I.F. Nº	

DATOS SOLICITUD DE CREDITO

CLASE DE OPERACION:		☐ CLASIFICACION COMERCIAL	☐ AVAL
☐ PRESTAMO	☐ CTA. CREDITO	PLAZO:	
IMPORTE EN PESETAS:			
DESTINO:			
FORMA DE PAGO:			
☐ TRIMESTRAL	☐ SEMESTRAL	☐ ANUAL	

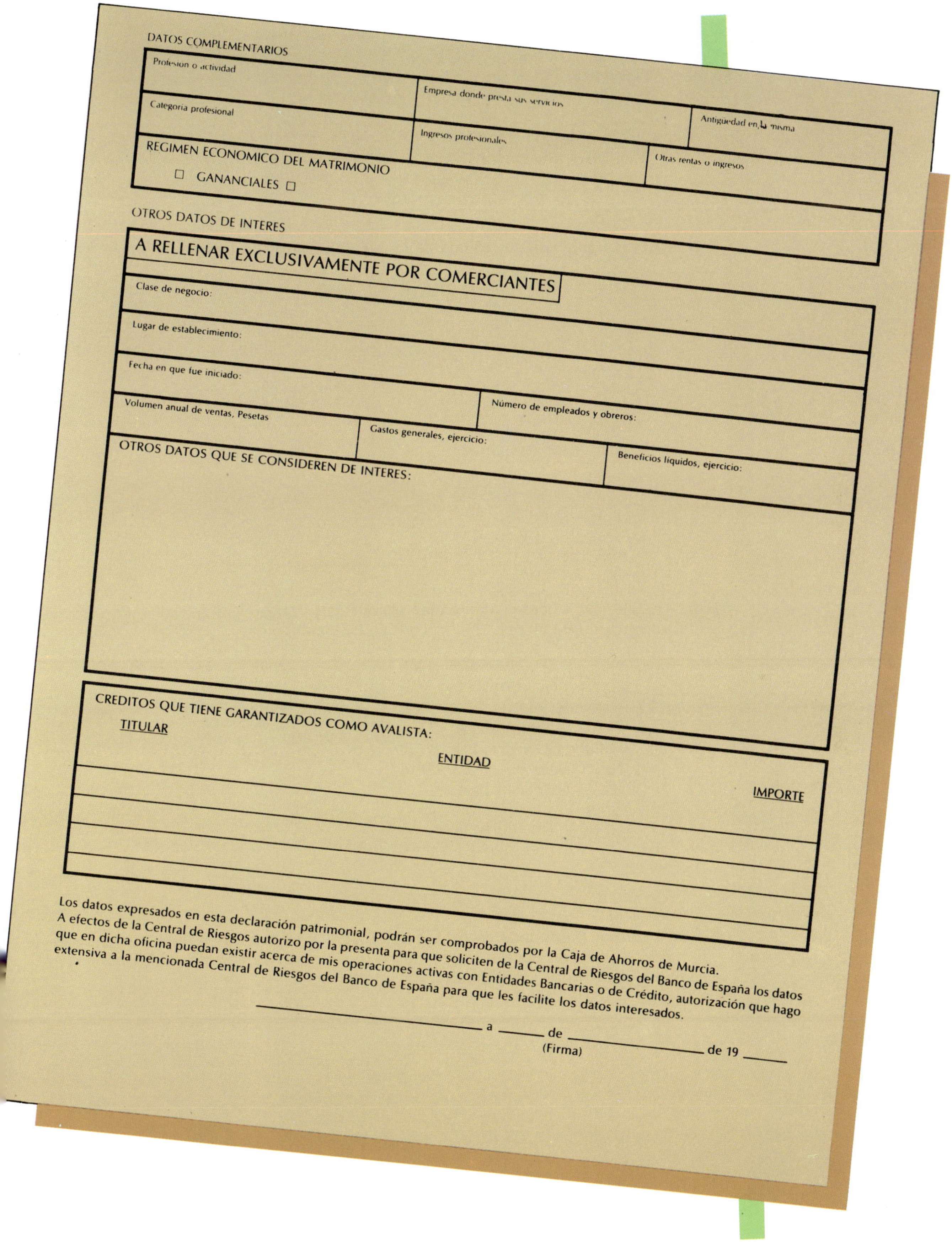

DATOS COMPLEMENTARIOS

Profesión o actividad		
	Empresa donde presta sus servicios	
Categoría profesional		Antigüedad en la misma
	Ingresos profesionales	
REGIMEN ECONOMICO DEL MATRIMONIO	Otras rentas o ingresos	
☐ GANANCIALES ☐		

OTROS DATOS DE INTERES

A RELLENAR EXCLUSIVAMENTE POR COMERCIANTES

Clase de negocio:

Lugar de establecimiento:

Fecha en que fue iniciado:

Volumen anual de ventas, Pesetas	Número de empleados y obreros:
Gastos generales, ejercicio:	
OTROS DATOS QUE SE CONSIDEREN DE INTERES:	Beneficios líquidos, ejercicio:

CREDITOS QUE TIENE GARANTIZADOS COMO AVALISTA:

TITULAR

ENTIDAD

IMPORTE

Los datos expresados en esta declaración patrimonial, podrán ser comprobados por la Caja de Ahorros de Murcia. A efectos de la Central de Riesgos autorizo por la presente para que soliciten de la Central de Riesgos del Banco de España los datos que en dicha oficina puedan existir acerca de mis operaciones activas con Entidades Bancarias o de Crédito, autorización que hago extensiva a la mencionada Central de Riesgos del Banco de España para que les facilite los datos interesados.

_____ a ____ de _____ de 19 _____

(Firma)

3   **Lee de nuevo la carta de III.1 y observa estas frases.**

Necesito un PC de tamaño reducido.
Necesito que el PC *sea* potente y disponga de...

Ahora compara esas frases con estas otras, extraídas de la carta en IV. 1.b.

Si necesitas algo que yo *pueda* ofrecerte, *no dudes* en decírmelo.

Niega esas frases usando alguna de las siguientes estructuras.

No
No
Si no

No
Necesito que el PC no
Si no necesitas algo que yo

No
Necesito que el PC no   y no
Si necesitas algo que yo no

4   En parejas. **Intentad completar estas frases. Luego comparadlas con las de vuestros compañeros.**

1. No necesita que
2. Seguramente precisa
3. Si tienes necesidad de un préstamo,
4. Si necesitas que el banco te
5. Todos necesitamos que
6. No todos necesitamos que
7. En esta clase no se precisa que
8. Tampoco tengo necesidad de que

5   En grupo. **Basándoos en los ejemplos de 3 y en las frases de 4 tratad de especificar en un cuadro esquemático los tiempos verbales exigidos por** *necesitar* **en sus distintas posibilidades.**

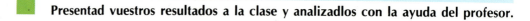

Presentad vuestros resultados a la clase y analizadlos con la ayuda del profesor.

V. Grupo bancario precisa director

1

En parejas. **El Banco Interior de España necesita cubrir el puesto de director en una de sus sucursales más importantes. Con tal fin han puesto un anuncio en la prensa nacional. Vosotros formáis parte del Consejo de Selección de Personal: haced una lista con las características y cualidades que debe reunir el candidato.**

Cualidades imprescindibles:

Cualidades/Características aconsejables:

La elección del candidato. En grupos de tres. **2**

a) **Cada uno de los miembros del grupo elige actuar como...**

- candidato.
- miembro del Consejo de Selección de Personal.
- presidente del Banco Interior de España.

b) **Los componentes del grupo leen uno de los textos siguientes, según el papel elegido.**

ALUMNO A: El candidato

Durante muchos años has soñado con conseguir este trabajo.

¡Todo lo que hagas o digas será analizado!

Es importante que no cometas errores ni contradicciones. Utiliza la tarjeta A para ayudarte, pero aunque no seas elegido director, recuerda que tienes que actuar de acuerdo con tu propio carácter y personalidad.

ALUMNO B: Miembro del Consejo

Eres un técnico especialista en descubrir la personalidad de los candidatos. Haz preguntas que obliguen al candidato a dar respuestas concretas.

¡No olvides que de ti depende la decisión del presidente!

Utiliza la tarjeta B.

ALUMNO C: Presidente del Banco Interior de España

Escucha al candidato y al técnico del Consejo. Toma nota de sus respuestas y decide si éstas son positivas (apto) o negativas (no apto). Al final de la entrevista puedes hacerles preguntas a ambos, si lo necesitas.

¡Tienes que explicar las razones de tu decisión al resto de la clase!

Completa la tarjeta C.

c) Éstas son las tarjetas correspondientes a cada uno de los personajes representados.

TARJETA C

CARACTERÍSTICAS:	APTO	NO APTO	RAZONES

- Lealtad al presidente ....
- Relaciones públicas ....
- Forma de expresarse ....
- Presencia y aspecto físico ....
- Capacidad de mando ....
- ....
- ....

TARJETA B

SUPUESTOS:

- El presidente toma una importante decisión con la que tú, como director, no estás de acuerdo. ¿Qué harías?
- Si un empleado no atiende correctamente a un cliente, ¿cuál será tu actitud?
- ¿Cómo irías vestido al trabajo?
- Estás en un almuerzo de negocios, ¿qué bebida pedirías?
- Un cliente necesita dinero pero no es de tu confianza, ¿cómo actuarías?
- _____

TARJETA A

RESPUESTAS POSIBLES:

- Ropa:
    - *a)* Sport moderna.
    - *b)* Traje y corbata.
    - *c)* Nada llamativo.

- Empleado incorrecto:
    - *a)* Llamarle la atención.
    - *b)* Olvidarse del tema.
    - *c)* Comunicarlo al presidente.

- Decisión distinta:
    - *a)* Abandonas el banco.
    - *b)* Obedeces ciegamente.
    - *c)* Lo discutes con el presidente.

- Cliente dudoso:
    - *a)* Confiar en él.
    - *b)* Negarte con delicadeza.
    - *c)* Ganar tiempo para pedir informes.

- Bebida:
    - *a)* Vino de la casa.
    - *b)* Viña Pomal (1974).
    - *c)* Agua mineral.

d) El grupo actúa frente a la clase, tras una breve preparación de sus papeles.

Una vez elegido el nuevo director, el presidente del Banco Interior de España decide escribir una carta circular a todas las sucursales de la región para comunicarles el nuevo nombramiento. Ayúdale utilizando algunos de los elementos siguientes.

3

Tengo el honor de _____   Muy señor mío _____
                                 ruego a Ud.
Atentamente _____   Debo informar a Ud.
Me complazco en _____
Confío en que el nuevo director _____
              Un abrazo _____
        la expansión de nuestro banco _____
Estoy seguro de que _____
        Para cualquier consulta futura en relación
con _____

I.   Un mundo interconectado

1

En grupos. **La ciencia crea continuamente nuevas palabras. Añadid algunas más a esta lista. ¿Qué grupo es el ganador?**

informatizar
informática
transistor
robot
misil
conexionista
computador
tecnología
miniaturización

2

a)   **¿Cuántas de las palabras de vuestra lista encontráis en el siguiente párrafo?**

Científicos de la internacional de la informática IBM han puesto a punto unos transistores experimentales de silicio de menor tamaño y mayor potencia que los habituales, alcanzando así un grado mayor de miniaturización de todos los componentes de un *chip*. El paso dado es uno más en el constante empuje para reducir el tamaño de los circuitos integrados, que constituyen el corazón de un ordenador. Los *chips* lógicos, basados en esta tecnología de una décima de micra (mil veces más delgado que un cabello humano), podrían contener millones de elementos lógicos que se podrían activar en un tiempo 10 veces menor que en los circuitos actuales. Los nuevos transistores deben operar a una temperatura de menos de 195 grados centígrados.

b)   **Explica o define con tus propias palabras qué es un *chip*.**

3

Escucha a estos científicos y averigua a qué palabra o concepto (nueva ciencia) se están refiriendo en cada uno de los casos:

a)   No solamente estamos ante la ciencia del futuro, sino ante la ciencia que asegura nuestro futuro, nuestro bienestar y la racionalización de la vida sobre la tierra. Si logramos hacer que determinados seres vivos puedan combinar las mejores cualidades que poseen varios otros seres, que una «vaca pequeña» llegue a producir tanto como actualmente produce una vaca normal, pero comiendo la mitad de lo que esta última come, entonces estaremos progresando hacia la solución de muchos problemas. Ésta es la ciencia denominada...

b) Porque el hombre no ha vivido como amigo y socio de la naturaleza, como un elemento más de ésta; por el contrario, ha sido prácticamente enemigo de ella: ha matado seres vivos, ha destruido vegetación, ha cambiado montañas en llanuras, ha cambiado la naturaleza de ciertos elementos para obtener otros diferentes. Lo que exige la preservación de la vida sobre la tierra no es la destrucción, sino la conservación de los ambientes naturales... Es la...

c) El estudio del espacio está naciendo. Hasta hace pocos años no podíamos separarnos del suelo. Ahora podemos alejarnos de la tierra y llegar a otros planetas. Esto exige muchos conocimientos: dónde estamos y a dónde vamos, pero en relación con otra cosa, en relación con algo que permanece fijo respecto a ambas. Se requieren medios adecuados para viajar a miles de kilómetros por hora, el estudio de nuevas formas más aerodinámicas, la existencia de materiales más resistentes y ligeros...

d) Ciencia que estudia la vida, en todos sus aspectos, de grupos o colonias de seres vivos con el fin de investigar las consecuencias de orden químico que genera su desarrollo biológico.

En grupos. **Leed y anotad las ventajas e inconvenientes de vivir en un mundo interconectado.**　**4**

VENTAJAS　　　　　　　　　　　　　　INCONVENIENTES

Uno de los grandes desafíos a los que se enfrenta la humanidad en esta última década del siglo es acceder a todas las señales de información —voz, imágenes, datos— por un solo canal que sea interactivo, es decir, por el que el usuario pueda solicitar e introducir información además de obtenerla. Pero, además, este vehículo, para que contribuya a la comunicación total, ha de ser capaz de relacionar a todo el mundo.

La respuesta a este desafío llega de la tecnología más avanzada en materia de telecomunicaciones, y se llama Red Digital de Servicios Integrados (RDSI), red mundial única de comunicaciones. ¿Quiere esto decir que en el futuro todos nos podremos espiar?

5 Usa tu imaginación. **Observa el esquema siguiente y explica cómo funciona esta Red Digital de Servicios Integrados.**

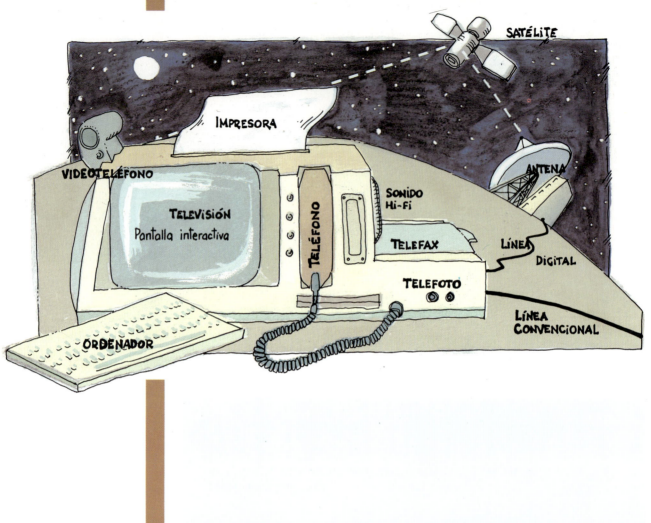

II. Máquinas inteligentes

1 Lee y pon un título a este informe.

La idea de reproducir el funcionamiento cerebral mediante un ordenador es tan antigua como estos aparatos. Pero hasta hace poco la imposibilidad técnica mantuvo este modelo en mera teoría. Sin embargo, desde hace unos cinco años empezaron a construirse máquinas capaces de imitar la estructura cerebral e incluso las hay que, en cierta medida, se acercan a ella, como es el caso de los ordenadores en paralelo. Hace muy poco, algunos científicos de los laboratorios Bell anunciaron precisamente que habían construido un computador imitando la estructura cerebral del caracol. Todo esto ha contribuido a desenterrar la vieja idea del *conexionismo,* que intenta imitar con máquinas el funcionamiento del cerebro humano.

Quizá la característica más espectacular de estos ordenadores o sistemas informáticos basados en muchas unidades —que se suelen llamar neuronas— es su posibilidad de aprender. Porque a diferencia de los sistemas informáticos normales, éstos no funcionan manipulando datos memorizados de acuerdo con unas normas que, aunque pueden ser muy complejas e interactivas, siempre se han determinado y prefijado externamente. Por el contrario, los sistemas conexionistas aprenden en el sentido estricto de la palabra, elaborando por sí mismos sus reglas de funcionamiento. «Esto no lo hace la inteligencia artificial clásica —explica la profesora Fogelman—. En los modelos conexionistas, la base de representación es la neurona, un elemento capaz de hacer sólo cosas muy simples. Pero hay muchos de ellos interconectados, y la interacción en paralelo de todos ellos hace posible la generación de un comportamiento inteligente; artificial, pero inteligente».

El proceso de aprendizaje de un sistema conexionista es semejante al humano. «Tú ves cosas en tu retina que se procesan en el cerebro a lo largo de etapas sucesivas, hasta elaborar una interpretación consistente de los datos recibidos. En el modelo conexionista ocurre igual: hay varias capas sucesivas en el tratamiento de la información y la máquina va extrayendo las estructuras simbólicas o de representación capaces de dar cuenta de lo sustancial de la información», subraya esta profesora.

Escucha ahora el texto anterior: subraya las palabras que «suenan» de manera similar en tu lengua materna. ¿Encuentras alguna razón que explique estas semejanzas? **2**

Utilizando algunas palabras del texto anterior, trata de explicar qué es un «sistema conexionista». **3**

Compara estas dos frases. **4**

a) ***Quizá*** *la característica más espectacular de estos ordenadores **sea** la capacidad de aprender…*

b) ***Quizá*** *la característica más espectacular de estos ordenadores **es** la capacidad de aprender…*

¿Cuál es la diferencia entre ambas? Coméntalo con tu grupo y consulta al profesor o el Apéndice gramatical.

5 En parejas. **Completa estas formas usando las frases de subjuntivo o indicativo. Explica por qué usas una u otra forma.**

a) Quizá lo más interesante de esta teoría
b) Quizá la ciencia todavía no
c) Quizá los ordenadores que poseemos en la actualidad
d) Quizá el logro de la inteligencia artificial

e) Quizá lograr que las máquinas piensen igual que el ser humano

6 **Analiza de manera similar esta otra frase contenida en el informe de 1.**

● …de acuerdo a normas que, **aunque pueden ser** muy complejas e interactivas, siempre se han determinado y prefijado externamente.

comparándola con esta otra:

● …de acuerdo a normas que, **aunque pueden ser** muy complejas e interactivas, siempre se han determinado y prefijado externamente.

¿Valen también para este caso las explicaciones de los ejemplos de 4?

III. Primera vivienda orbital permanente

1 *a)* **Agrupa las siguientes palabras según el sufijo.**

familiar, cardiaco, inglés, varonil, demoniaco, verdadero, asombroso, japonés, traicionero, espectacular, nadador, espacial, galantería, funcionamiento, canoso, habladuría, aburrimiento, orbital, desesperación, temblor, pordiosero, observador, formación, duración, francés, bochornoso, enfriamiento, ocular, investigación.

b) En parejas. **Explicad el significado que añade o aporta cada sufijo.**

En grupos. **2**

a) **Formad palabras con los sufijos siguientes.**

- -oso
- -al
- -ico
- -or
- -ada
- -ario
- -ado

- -iento
- -il
- -miento
- -ría
- -dor
- -cia

b) **Leed los diversos textos de III.4 y subrayad las palabras formadas mediante alguno de los sufijos anteriores.**

En grupo. **Observad y anotad los cambios ortográficos y fonéticos que se dan en la formación de las siguientes palabras.** **3**

MARRUECOS - marroquí
FRAUDE - fraudulento
SUEÑO - somnoliento
LEER - legible - lectura
APRENDER - aprendizaje - aprendiz
POSIBLE - posibilidad
EFICAZ - eficacia
LICENCIADO - licenciatura
BUENO - bondad - bondadoso
TIRAR - tirada
PANADERO - panadería
BARCO - barquito
ANTIGUO - antigüedad - antiquísimo
JOVEN - jovencito - jovenzuelo
JUICIO - judicial
CIENCIA - científico

Lee los siguientes documentos y averigua en qué consisten dos de los más importantes proyectos espaciales de la Academia de Ciencias de la URSS. **4**

	OBJETIVO DE LA INVESTIGACIÓN	CONSECUENCIAS FUTURAS
1. Nave espacial *Mir* 2. Supercohete *Energía*		

Según Vladimir Avduevski, de la Academia de Ciencias de la URSS, «este cohete abre una nueva etapa en la cosmonáutica y en el definitivo asentamiento del hombre en el espacio». *Energía* lleva cuatro motores de combustión de hidrógeno y oxígeno líquidos que son los más potentes del mundo en su género y que permiten el vuelo de su estructura, de casi sesenta metros de altura. El sistema de computadoras controla más de dos mil parámetros de funcionamiento de los distintos elementos del cohete, lo que permite realizar las maniobras de despegue y aterrizaje limitando al mínimo los riesgos.

El objetivo de la investigación en este campo es el de colonizar el espacio.

Pocos días antes de que la nave espacial *Mir*, el primer portaeronaves espacial, cumpla un año, los cosmonautas soviéticos Iuri Romanenko, de 42 años, y Alexander Leveikin, de 34, han inaugurado una nueva etapa en su funcionamiento y pueden ser considerados como los primeros habitantes de pleno derecho de esta nave destinada a ser el núcleo-corazón de la primera estación permanente plurimodular y tripulada en el espacio.

Aunque los soviéticos no han indicado la duración de la estancia de Romanenko y Leveikin, la magnitud y características de las tareas a realizar hacen pensar a los observadores que ambos se disponen a pasar un largo período de tiempo en el espacio. El récord de permanencia en órbita está en manos de los cosmonautas Kizim, Soloviov y Otkov, quienes pasaron 238 días a bordo de la nave *Saliut 7*.

La *Mir* está mejor acondicionada para la vida que la *Saliut 7*. Tiene camarotes individuales, instalaciones deportivas que surgen del suelo, nuevo sistema de servicio de comedor, nuevo equipo de aseo y mejor sistema de comunicación con la Tierra. Y no sólo eso. A bordo de la *Soiuz TM-2*, los cosmonautas han llevado a la *Mir* plantas vivas, tulipanes, orquídeas de larga duración y unos bulbos de cebolla cuyos brotes van a añadirse a la ración alimenticia de Romanenko y Leveikin.

Gracias al supercohete *Energía*, los viajes a la estación pueden ser mucho más frecuentes y con más material para la instalación de fábricas, laboratorios espaciales tripulados y, en definitiva, colonias interestelares.

Otro de los proyectos próximos de la URSS en el campo espacial es la instalación de una línea de transporte Tierra-Espacio-Tierra con cohetes y naves de distinto tipo para lograr una mayor agilidad en el transporte de personas y materiales a sus estaciones orbitales.

La Unión Soviética tiene lo que podríamos llamar cierta predilección por Marte y el *Energía* permite la posibilidad de colocar allí, en la misma «casa de los marcianos», una estación tripulada.

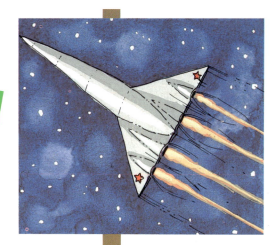

Según ha anunciado Gury Marchuc, presidente de la Academia de Ciencias de la URSS, su país se propone intensificar el programa de estaciones orbitales permanentes. El científico ha informado que en los próximos años se establecerá en órbita terrestre una red de estaciones cósmicas, intercomunicadas entre sí y ocupadas permanentemente por tripulaciones de relevo. Se piensa que será a partir de estos «puertos cósmicos» desde donde puedan partir los vuelos espaciales de larga duración con destino a otros planetas.

Analiza la lista de palabras con sufijos subrayadas en el texto, según 2.b): señala los cambios ortográficos o fonéticos que observes en cinco de ellas, de manera similar a lo hecho en 3. **5**

Lee de nuevo los textos de 4 y anota... **6**

a) **Palabras que describen la estación *Mir.***

b) **Palabras que describen el supercohete *Energía.***

IV. Atlantis, la isla flotante del futuro

1 En parejas. **Observa este esquema de la *isla flotante del futuro*. ¿Qué elementos y servicios crees que debe tener?**

2 *a)* **Escucha: Tres opiniones sobre las islas flotantes del futuro. ¿Cuál de ellas prefieres tú? Identifícalas.**

1.

2.

3.

b) **Lee ahora cada una de esas opiniones. ¿Cuál de ellas habías preferido anteriormente? Identifícala y anota algunas razones para fundamentar tus preferencias.**

OPINIÓN 1

Pensar en islas flotantes es pensar en un futuro utópico: ni es algo real ni es algo inmediato. Naturalmente que podemos pensar en grupos humanos viviendo en espacios reducidos y especialmente acondicionados; pero de ahí a pensar en que la humanidad viva en «islas flotantes» existe una diferencia abismal. Por el momento no creo en las islas flotantes, aunque no se puede predecir el futuro al ciento por ciento.

OPINIÓN 2

La gente, en general, es poco dada a innovaciones técnicas. Oír hablar de islas flotantes significa para muchos vivir en otro mundo, entrar en lo desconocido. Y eso es lo que les da miedo. Muchos tienen miedo de vivir de manera diferente a como viven ahora: temen tener que prescindir de los garbanzos cocidos, de las lentejas con chorizo o de los tomates cultivados en el huerto familiar. No se dan cuenta de que se puede alimentar al cuerpo humano de muy diferentes maneras. Es más: en vez de tener que masticar y hacer que el estómago trabaje tanto digiriendo grandes filetes de carne, podemos facilitar la tarea tomando productos especialmente preparados y con todas las vitaminas que contiene un buen filete de ternera... pero mejor. Ocurre lo mismo con las islas flotantes. Es una cuestión de miedo, de confianza en el futuro del hombre.

OPINIÓN 3

Las islas flotantes del futuro no solamente son posibles, sino que son necesarias. Es necesario construir esas islas o centros cerrados para experimentar hasta dónde puede llegar el hombre en condiciones artificiales de vida. Porque algo es seguro: en un futuro no muy lejano quizá el hombre tendrá que vivir en el espacio o sobre el mar. Y entonces no se podrá improvisar de repente una forma tan distinta de vida. Hay que probar, hay que estar preparados para lo que nos viene encima.

Observa de nuevo el dibujo de isla flotante de 1. Descríbela añadiéndole los servicios que, junto con tu compañero, has considerado oportunos o necesarios.   **3**

Escucha y escribe las frases que oyes.   **4**

a)

b)

c)

d)

e)

f)

Un jardín con pájaros y fuentes

El módulo urbano que figura en el proyecto *Atlantis* está integrado por un minicentro comercial, auditorio, centro médico, biblioteca informatizada, locales de dirección y administración y áreas de comida y cocina comunitarias.

En el módulo de comunicación y control se coloca un centro informático general (para servicio a las redes de comunicación, con un repetidor de televisión vía satélite y conexión interior por cable, para radio y telefonía) y los subsistemas de proceso de datos de los centros de experimentación y de control de las diferentes condiciones ambientales y climáticas.

En el módulo de habitación, las viviendas son áreas verdes con árboles, pájaros y fuentes, rodeadas de setos. Las zonas de intimidad están protegidas y aisladas. Estanterías, armarios y mobiliario son *compactos*, situados en medio del jardín, herméticamente cerrados para proteger su interior de la radiación solar. En esta ciudad las calles son también edificios, están *construidas*, cubiertas y climatizadas, permitiendo el paso del sol, con pájaros y plantas.

La estación básica de esta ciudad tiene unas dimensiones aproximadas de 240 por 200 metros y está formada por cuatro módulos fundamentales: uno de vivienda, otro dedicado a agricultura y ganadería y dos más para acuicultura y estudios especiales. Junto a las estaciones se sitúan dos módulos de servicio, uno como centro cívico y administrativo y otro de servicios técnicos, que contiene los sistemas de control y mantenimiento.

Un sistema central controla los ciclos de ventilación (vientos), humedad relativa (lluvia o condensación) y temperatura (radiación y soleamiento), regulando la entrada del sol mediante membranas reflectantes retráctiles. Los patios-piscina proporcionan agua potabilizada y sirven de estabilizador térmico entre el día y la noche, invierno y verano.

La estación desarrolla los recursos necesarios de una manera global y tiene como objetivo final permitir la lenta evolución hacia la sociedad planetaria utópica. Los primeros pobladores serán científicos y filósofos. Los primeros aportan conocimientos y pragmatismo, y los segundos reflexión.

a) **Anota los elementos que se incluyen en la isla flotante, según el texto anterior.**

b) **Compáralos con los anotados por ti en 1: Anota los que están incluidos o no en la lista anterior.**

a) **Observa.**

> **Habitar:** *habitación, habitable*

b) En grupo. **Analizad las terminaciones que intervienen en la formación de las palabras anteriores. Repasad el texto de 5 una vez más y anotad todas aquellas palabras que puedan seguir un proceso similar.**

Ejemplo: *comunicación...* de ***comunicar.***

6

7

V. Hogares galácticos

1 En grupo. **Elegid uno de los módulos siguientes y asignadle un nombre. Completadlo con todos los elementos que os parecen convenientes o necesarios.**

1. MÓDULO COMUNITARIO

Lugares comunes   *Organización*

Minicentro comercial
Centro médico
Piscina y cafetería

2. MÓDULO ÍNTIMO

Espacios privados   *Comodidades*
                                           Calefacción central
Dormitorios

3. MÓDULO PARA EL ENTRETENIMIENTO

Parcelas   *Actividades*
Jardín de infancia
Centro audiovisual   Autoaprendizaje de lenguas

Jardín cuatro estaciones

7. MÓDULO CENTRAL

Estancias   *Funciones*
Centro de comunicaciones
                                           Decisiones y control…
Seguridad   Policía/defensa…

4. MÓDULO DE LA CIENCIA

Especialidades   *Prácticas*
                                           Alta tecnología…
Medicina nuclear
Bioagricultura   Proyectos realizados en M6

5. MÓDULO PARA LA REFLEXIÓN

Áreas   *Objetivos*
Creación literaria
                                           Forjar ideales y valores

6. MÓDULO DE PRODUCCIÓN

Negocios   *Dinámica de trabajo*
Piscifactoría
                                           Intercambios
Turismo
                                           Coordinación con M4 y M5

Describe brevemente lo que contiene y cómo funciona el módulo elegido. **2**

a) **Leed a la clase la descripción anterior.** **3**

b) **Tomad notas sobre la descripción expuesta por cada uno de los demás grupos.**

c) **Unid,** en grupo, **las notas tomadas por cada uno de los componentes y haced una lista única.**

Redacción individual. **Con las notas recopiladas en 3, escribe tu proyecto para la construcción y funcionamiento del *Hogar galáctico del futuro*.** **4**

Consulta el Apéndice gramatical *Pág. 163*

Cantantes de poetas

I. Gracias a la vida

1 **Escucha: ¿Qué sentimientos o sensaciones te sugieren o provocan estos temas musicales?**

1. L. Boccherini: *La ritirata di Madrid.*
2. Granados: *Danzas españolas: Oriental.*
3. Falla: *El amor brujo: escena.*
4. Albéniz: *Asturias.*
5. Rodrigo: *Concierto de Aranjuez: segundo movimiento.*

	nostalgia
	sensaciones agradables
	sensaciones desagradables
	tristeza
	alegría
	euforia
	añoranza
	sobresalto
	paz
	amor
	rabia

2 *a)* **Anota las palabras que mejor describan lo que tú consideras que es típico de la música española.**

b) **Escucha este tema. Luego corrige o completa la lista descriptiva anterior respecto a tus ideas sobre la música española.**

Escucha y anota el tema principal de la canción. **3**

- [ ] del trabajo duro de los campesinos
- [ ] del amor al campo
- [ ] de la abundancia de olivares
- [ ] de la calidad del aceite de oliva de Jaén

Escucha de nuevo la canción anterior y completa el estribillo donde corresponda. **4**

y a los planetas unidos,
los tres dieron la hermosura
de los troncos retorcidos.

sol a sol y luna a luna,
pasan sobre vuestros huesos.
Jaén, levántate, brava,
sobre tus piedras lunares
no vayas a ser esclava
con todos tus olivares.

No los levantó la nada,
ni el dinero, ni el señor,
sino la tierra callada,
el trabajo y el sudor.
Unidos al agua pura

Cuántos siglos de aceitunas,
los pies y las manos presos,

En grupo. **Traducid la canción a vuestra lengua materna y escribidla o leedla para la clase. Mediante votación, la clase selecciona la traducción mejor realizada.** **5**

II. Todo es soñar

Lee y comenta en pocas palabras el significado de este cantar. **1**

Ayer soñé que veía
a Dios y que Dios me hablaba;
y soñé que Dios me oía…
Después soñé que soñaba.

(*Proverbios y cantares*. A. Machado.)

2 Escucha y completa esta canción.

Era un niño que soñaba
un caballo de cartón.
Abrió los _____ el niño
y el _____ no vio.
   Con un caballito blanco
   el niño _____ a soñar;
   y por la crin lo cogía.
   ¡Ahora no _____!
Apenas lo hubo cogido,
el niño se _____.
Tenía el _____ cerrado.
¡El caballito voló!
      _____ el niño muy serio
      _____ que no es verdad

un caballito soñado.
Y ya no volvió a _____
Pero el niño se hizo _____
y el mozo _____ un amor
y a su _____ le decía:
¿Tú eres de verdad o no?
   Cuando el mozo se hizo _____
   pensaba: _____ es soñar,
   el caballito soñado
   . y el _____ de verdad.
Y cuando vino la muerte,
el viejo a su _____
preguntaba: ¿Tú ere sueño?
¡Quién _____ si despertó!

3 Escucha de nuevo la canción y comprueba el texto por ti completado.

4 *a)* Intenta reescribir el texto de la canción-poesía anterior empezando así...

ES *un niño que* SUEÑA...

¿En cuántos casos no es posible cambiar el tiempo del verbo? Anótalo subrayando esas frases.

b) En grupo. **Comparad lo escrito por cada uno de los componentes del grupo y clasificad los resultados en dos apartados.**

 • **Casos en los que es imposible cambiar el tiempo del verbo por causa de las partículas que preceden.**
 Ejemplo: «APENAS lo hubo cogido»...

● Casos en los que el contexto no lo permite sin que cambie esencialmente
el significado del texto.
Ejemplo: «Pero el niño se hizo mozo...»

A) En grupo. **Escribid frases referidas a...**

- vuestros sueños
- gustos
- deseos, etc.

de manera que incluyan alguna de las partículas siguientes.

cuando
anteayer
hoy
en el año 2134
apenas
de inmediato
¡Quién...!
ya
en ese preciso instante
siempre que me despertaba a medianoche
se levantó de un salto
pensando que estaba dormido

B) **Leed cinco de esas frases a la clase y discutid las diferencias respecto a las
escritas por otros grupos. Solicitad la ayuda del profesor cuando sea preciso.**

III. Poemas de amor

Escucha esta conversación. ¿Qué cantantes se mencionan en ella? 1

**Escucha la siguiente poesía de Pablo Neruda y pon los acentos gráficos donde
corresponda.** 2

Puedo escribir los versos mas tristes esta noche.

Escribir, por ejemplo: «La noche esta estrellada,
y tiritan, azules, los astros a lo lejos».

El viento de la noche gira en el cielo y canta.

5 Puedo escribir los versos mas tristes esta noche.
Yo la quise, y a veces ella tambien me quiso.

En las noches como esta la tuve entre mis brazos.
La bese tantas veces bajo el cielo infinito.

Ella me quiso, a veces yo tambien la queria.
10 Como no haber amado sus grandes ojos fijos.

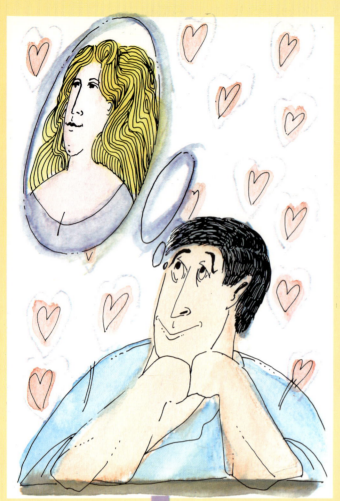

Puedo escribir los versos mas tristes esta noche.
Pensar que no la tengo. Sentir que la he perdido.

Oir la noche inmensa, mas inmensa sin ella.
Y el verso cae al alma como el pasto al rocio.

15 Mi corazón la busca, y ella no esta conmigo.

La misma noche que hace blanquear los mismos
[arboles.
Nosotros, los de entonces, ya no somos los
[mismos.

Ya no la quiero, es cierto, pero cuanto la quise.
Mi voz buscaba el viento para tocar su oido.

20 De otro. Sera de otro. Como antes de mis besos.
Su voz, su cuerpo claro. Sus ojos infinitos.

Ya no la quiero, es cierto, pero tal vez la quiero.
Es tan corto mi amor, y es tan largo el olvido.

(Fragmento de veinte poemas de amor
y una canción desesperada.
Pablo Neruda.)

3 **Lee de nuevo la poesía anterior.**

a) **Subraya primero y haz una lista después con las palabras que tú consideres «poéticas».**

b) **Subraya primero y haz una lista después con las frases que no consideres
«normales» en el lenguaje habitual. Explica el porqué de tu elección.**

1.
2.
3.
4.
5.
6.
7.
8.
9.
10.

Revisa los versos de Neruda y averigua los valores de las siguientes partículas en los diferentes casos en que aparecen. 4

como
mismo/a/os/as
tantas
tan

En grupo. Resumid el significado o mensaje de la poesía de Neruda en un máximo de cinco líneas. 5

IV. Verde que te quiero verde

Escucha y escribe este poema cantado. 1

Escucha de nuevo y comprueba lo que escribiste anteriormente. 2

Se equivocó la paloma.
Se equivocaba.

Por ir al Norte fue al Sur.
Creyó que el trigo era agua.
Se equivocaba.

Creyó que el mar era el cielo;
que la noche, la mañana.
Se equivocaba.

Que las estrellas, rocío;
que la calor, la nevada.
Se equivocaba.

Que tu falda era tu blusa;
que tu corazón, su casa.
Se equivocaba.

(Ella se durmió en la orilla.
Tú, en la cumbre de una
                                    [rama.)

(Entre el clavel y la espada. Rafael Alberti.)

3   En grupo. **Escribid el poema anterior en prosa.**

Cada grupo lo lee luego a la clase, contrastando las diversas interpretaciones presentadas.

4   Lee el *Romance sonámbulo*, de Federico García Lorca, y subraya las palabras que no conozcas. Pregunta luego a tus compañeros y al profesor por su significado.

Romance sonámbulo

Verde que te quiero verde.
Verde viento. Verdes ramas.
El barco sobre la mar
y el caballo en la montaña.
5   Con la sombra en la cintura
ella sueña en su baranda,
verde carne, pelo verde,
con ojos de fría plata.
Verde que te quiero verde.
10   Bajo la luna gitana
las cosas la están mirando
y ella no puede mirarlas.
Verde que te quiero verde.
Grandes estrellas de escarcha
15   vienen con el pez de sombra
que abra el camino del alba.
La higuera frota su viento
con la lija de sus ramas,
y el monte, gato garduño,
20   eriza sus pitas agrias.
¿Pero quién vendrá? ¿Y por
[dónde…?
Ella sigue en su baranda,
verde carne, pelo verde,
soñando en la mar amarga.
25   Compadre, quiero cambiar
mi caballo por su casa,
mi montura por su espejo,
mi cuchillo por su manta.
Compadre, vengo sangrando,
30   desde los puertos de Cabra.
Si yo pudiera, mocito,
ese trato se cerraba.
Pero yo ya no soy yo,
ni mi casa es ya mi casa.
35   Compadre, quiero morir
decentemente en mi cama.
De acero, si puede ser,
con las sábanas de holanda.
¿No ves la herida que tengo
40   desde el pecho a la garganta?
Trescientas rosas morenas
lleva tu pechera blanca.
Tu sangre rezuma y huele
alrededor de tu faja.

45   Pero yo ya no soy yo,
ni mi casa es ya mi casa.
Dejadme subir al menos
hasta las altas barandas,
¡dejadme subir!, dejadme
50   hasta las verdes barandas.
Barandales de la luna
por donde retumba el agua.

Ya suben los dos compadres
hacia las altas barandas.
55   Dejando un rastro de sangre.
Dejando un rastro de lágrimas.
Temblaban en los tejados
farolillos de hojalata.
Mil panderos de cristal
60   herían la madrugada.
Verde que te quiero verde,
verde viento, verdes ramas.
Los dos compadres subieron.
El largo viento, dejaba
65   en la boca un raro gusto
de hiel, de menta y de albahaca.
¡Compadre! ¿Dónde está, dime?
¿Dónde está tu niña amarga?
¡Cuántas veces te esperó!
70   ¡Cuántas veces te esperara,
cara fresca, negro pelo,
en esta verde baranda!

Sobre el rostro del aljibe
se mecía la gitana.
75   Verde carne, pelo verde,
con ojos de fría plata.

Un carámbano de luna
la sostiene sobre el agua.
La noche se puso íntima
80   como una pequeña plaza.
Guardias civiles borrachos
en la puerta golpeaban.
Verde que te quiero verde.
Verde viento. Verdes ramas.
85   El barco sobre la mar.
Y el caballo en la montaña.

Lee de nuevo el _Romance sonámbulo_ y anota todas las expresiones que describen... 5

- _a la gitana_
- _al jinete_
- _al padre de la muchacha_

En grupos. Recitad para la clase parte del _Romancero gitano_ con las voces del Poeta, Jinete y Padre de la gitana o muchacha. Cada grupo asigna los diferentes papeles a sus componentes. 6

V. Me lo decía mi abuelito...

Escucha y subraya las palabras del recuadro que oigas en la siguiente canción-poesía. 1

niño	olvidaba	esfuerzo	mezquinos	descollar	vivirás
nadie	adelantas	sentarse	muchacho	sol	papá

Lee el texto oído anteriormente y... 2

_a)_ **Comprueba lo realizado en 1.**

Me lo decía mi abuelito,
me lo decía mi papá,
me lo dijeron muchas veces
y lo olvidaba muchas más.
    Trabaja, niño,
no te pienses que sin dinero vivirás.
Junta el esfuerzo y el ahorro
ábrete paso, ya verás
cómo la vida te depara
buenos momentos. Te alzarás
sobre los pobres y mezquinos
que no han sabido descollar.
Me lo decía mi abuelito,
me lo decía mi papá,
me lo dijeron muchas veces
y lo olvidaba muchas más.
    La vida es lucha despiadada,
nadie te ayuda, así, no más,
y si tú solo no adelantas,
te irán dejando atrás, atrás.
    ¡Anda, muchacho, dale duro!
La tierra toda, el sol y el mar,
son para aquellos que han sabido
sentarse sobre los demás.
Me lo decía mi abuelito,
me lo decía mi papá,
me lo dijeron muchas veces
y lo he olvidado siempre más.

111

b) **Analiza el poema y anota.**

Estribillo

● Frases repetitivas:

● Palabras repetidas:

Mensaje

● Ideas transmitidas:

● Palabras clave en el mensaje:

3 **Ordena estos versos según la rima final y obtendrás una bonita poesía.**

Rosa fresca, rosa fresca
sin que te cortara yo!
en el rosal de mi amor;
¡En el rosal te has secado

Mujer, mujer en quien puse
tu juventud se pasó!
el alma y el corazón;
¡sin que yo te diera un beso

Cada año nuevo que llega
que al blanquear tus cabellos

llega a herirnos a los dos;
me ennegrece el corazón.

Clareando está año nuevo,
y hasta que se ponga el sol
lo pasaré en oración,
yo, que he olvidado el rezar.
y he de rezar con el alma,
y habrá de hacerte dichosa,

¡Y habrá de escucharme Dios,
para que descanse yo...!

4 **Escucha la poesía anterior y comprueba tu poesía reconstruida.**

5 **¿Recuerdas alguna poesía en tu lengua materna? Escríbela y tradúcela al español.**

Consulta el Apéndice gramatical

Pág. 164

I.   Ninguna de nosotras está a salvo

Observa y analiza los siguientes anuncios: ¿Ves machismo en ellos? Razónalo.   **1**

DOLOR DE ESPALDA... ESTRESS...

¡LIBÉRESE!

UTILICE EN
SU HOGAR

Backswing®

MODELO PLEGABLE

DISTRIBUIDOR EXCLUSIVO
PARA ESPAÑA: BACKSWING,
C/ DEL PEZ, 27, 1.º
Teléf.: (91) 231 92 36
Tardes de 4 a 8
28004 Madrid

IMPORTANTE EMPRESA FABRICANTE DE JOYERÍA Y OBJETOS DE REGALO
precisa

VENDEDORES-AS   (Ref.: 358)

POSIBLE SIN EXPERIENCIA

Alrededor de 1.500.000 ptas. año superables

Realizarán gestiones de venta y reposición de stocks a clientes de la firma, siendo también su función la ampliación y potenciación de la cartera de clientes ya existente. Para ello deberán visitar fundamentalmente casas de moda, regalos y bisuterías. Es un puesto para personas jóvenes de 18 a 30 años. Contarán con el debido apoyo publicitario. Se valorará, aunque no es imprescindible, la experiencia comercial y conocimientos del sector.

Enviar historial URGENTEMENTE.

BODEGA DE LA MANCHA

busca

DISTRIBUIDORES Y/O REPRESENTANTES

A comisión, introducidos en alimentación y hostelería, para vinos de crianza y en brik.

**Interesados dirigirse al:
Apartado núm. 192
de Alcázar de San Juan
(CIUDAD REAL)
Código postal 13.600**

CONSEJERO LINGÜÍSTICO (ambos sexos)

de lengua española

encargado principalmente de cooperar con el Jefe de la División de la Traducción Española en las tareas de gestión, control de calidad de los textos traducidos, formación profesional, etc.

Principales condiciones de admisión:
- formación de nivel universitario sancionada por un título o experiencia profesional que garantice un nivel equivalente;
- experiencia profesional confirmada en el ámbito de la traducción y de la revisión;
- perfecto dominio de la lengua española y profundo conocimiento de otras dos lenguas oficiales de la Comunidad Europea (danés, alemán, griego, inglés, francés, italiano, neerlandés, portugués), así como un buen conocimiento de otra de estas lenguas;
- tener la nacionalidad de uno de los Estados miembros de la Comunidad Europea;
- edad mínima: 38 años (haber nacido antes del 7 de junio de 1950).

El Parlamento Europeo practica una política destinada a garantizar la igualdad de oportunidades entre hombres y mujeres en todos los puestos de trabajo.

Lugar de destino: LUXEMBURGO.

Los interesados podrán solicitar, preferentemente mediante tarjeta postal, el número del Diario Oficial en todas las informaciones útiles, **mencionando la referencia PE/126/LA:**
- a la Oficina de Información del Parlamento Europeo, calle Fernanflor, 4, 7.º, 28014 MADRID;
- o al Parlamento Europeo - Servicio de Reclutamiento, L-2929 LUXEMBURGO;

(se ruega a los candidatos que escriban sus nombres y dirección en mayúsculas).

Las candidaturas presentadas mediante el impreso de candidatura incluido en el Diario Oficial deberán dirigirse al Parlamento Europeo-Servicio de Reclutamiento - L-2929 LUXEMBURGO.

Fecha límite de presentación de las candidaturas: 6 de junio de 1988.

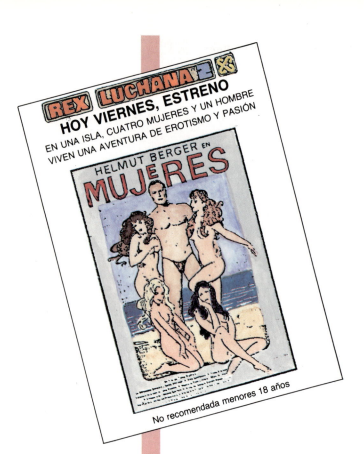

ma·chis·mo [matʃísmo] *s/m* Conjunto de creencias y actitudes de la persona que considera superiores las cualidades propias del hombre sobre las que se atribuyen a la mujer.

ma·chis·ta [matʃísta] *adj* y *s/m,f* Se aplica a las personas, y a sus actitudes, que revelan machismo.

ma·cho [mátʃo] *adj* y *s/m* **1.** Se aplica a los seres de cada especie orgánica que tienen los órganos masculinos de la reproducción. **2.** FIG En mecanismos compuestos por dos piezas que encajan, se aplica a la que se introduce en la otra (llamada 'hembra'): *Un enchufe macho*. **3.** VULG Se aplica al hombre que se considera digno de admiración por sus cualidades, actos o actitudes viriles.

ma·cho·te, -a [matʃóte, -a] *adj* y *s/m,f* (*aum de macho*) Persona valiente o que se porta como es debido.

2 En grupos. **Escribid vuestra definición o descripción de lo que entendéis por «machismo». Luego leed vuestra propuesta a la clase. Comparadla con la del diccionario.**

3 **¿Existe también «machismo» en vuestro país? Describid una situación en la que se dé esta realidad o una experiencia personal que la refleje.**

5 Escucha y completa con los datos de esta opinión el cuadro siguiente.

MACHISMO → CAUSAS			
FÍSICAS	AMBIENTALES/SOCIALES	DE SUPERVIVENCIA	VOLUNTARIAS

6 En grupo. **Leed las conclusiones de un informe: ¿Existe relación entre este texto y el que habéis escuchado anteriormente?**

La tragedia de nuestra sociedad es que mientras los violentos circulan en pandillas, sus víctimas están, con demasiada frecuencia, solas.

Las ancianas pueden ser violadas por jóvenes criminales porque están solas. Los niños pequeños pueden desaparecer a 30 ó 40 metros de sus casas porque están solos. Los hombres viejos pueden verse aterrorizados por niños de 10 años que les roban sus ahorros porque están solos. Los seres humanos han tenido miedo siempre de los extraños; en nuestra fragmentada y móvil sociedad, todos vivimos entre extraños y todos somos extraños. Ninguno de nosotros está a salvo. Ni siquiera en nuestros propios hogares.

II.   ¿«Casi» iguales?

Lee el siguiente informe y sugiere un título.

Todavía hay hombres que piensan que la mujer debería ser única y exclusivamente ama de casa: todavía hay mujeres que, sumisamente, votan en unas elecciones políticas al partido o persona indicado por su marido o novio. Éstos y
5 otros restos parecidos de segregación sexual todavía permanecen en ciertos ámbitos, pese a reconocerse que la sociedad española ha avanzado mucho durante la democracia en la igualación del trato de la mujer con respecto al hombre.
10   El acceso al trabajo, la participación política y hasta la posición de la mujer en el hogar han evolucionado positivamente, rompiendo las tradicionales barreras discriminatorias. La inmensa mayoría de las personas —más del 80 por 100— reconoce que la mujer está hoy menos discriminada
15 que hace diez años.

Pero a pesar de este reconocimiento y de la existencia de leyes igualatorias, no todo se ha conseguido. Según la última encuesta mensual de *Eco-Cambio 16*, en España sigue habiendo discriminación. Los hombres dicen que la culpa-
20 ble es la sociedad, aunque las mujeres no están tan seguras de eso y una quinta parte carga la responsabilidad directamente sobre los hombres.

Sin embargo, en la inmensa mayoría de las respuestas a la citada encuesta no se produce un enfrentamiento de opi-
25 nión de hombre contra mujer. En una sociedad estructurada y adelantada como la nuestra, las diferencias de criterio no las genera el sexo, sino los factores de contenido social. Así, por ejemplo, en ocasiones el consenso o el disenso se produce en función de la tendencia política de los ciuda-
30 danos. O, en la mayoría de los casos, las diferencias se estratifican con arreglo a la edad, de tal modo que hombres y mujeres jóvenes son más homogéneos en sus respuestas de lo que pueda ser una mujer de veinte años con otra de cincuenta.
35   Desde un punto de vista sociológico, quizá lo más revelador de la encuesta vaya en esta dirección, al comprobar que las diferencias entre las respuestas de los hombres y las respuestas de las mujeres no son muy grandes. Es decir, que el hombre valora a la mujer en la misma proporción en que
40 la mujer se valora a sí misma.

Los hombres se muestran más optimistas que las mujeres al considerar las posibilidades de promoción de éstas.

Sin embargo, unos y otras coinciden en señalar en un porcentaje muy alto que con la llegada de la democracia las
45 posibilidades de promoción de la mujer en la actividad política o en la escala laboral han aumentado. Y salvo contados casos, las diversas profesiones son consideradas tan apropiadas para un hombre como para una mujer.

Las tareas del hogar, según el 56 por 100 de los hom-
50 bres, las hacen mejor las mujeres, de la misma manera que el servicio militar continúa siendo la «especialización» del hombre. Pero en las demás tareas y profesiones no hay diferencias.

Hay un sentimiento mayoritario de equiparación en el
55 rendimiento laboral de uno y otro sexo, que es «igual» para el 65 por 100 de los hombres y el 72 por 100 de las mujeres. Pero este sentimiento se quiebra significativamente entre las personas de mayor edad, menor nivel social o residentes en zonas rurales, posiblemente por su asociación de
60 trabajo con esfuerzo físico.

Estos tres mismos segmentos —clase baja, hábitat rural y edad avanzada— son también los menos proclives a aceptar la posibilidad de trabajo voluntarista en la mujer casada. También la mujer es más tolerante que el hombre al

65 considerar que puede trabajar fuera del hogar aunque tenga hijos pequeños.

Importante es la respuesta a la última pregunta. Únicamente el 22 por 100 de los hombres y el 14 por 100 de las mujeres responden que, si pudiera elegir, la mujer preferi-
70 ría ser ama de casa. De este modo ser sólo ama de casa aparece como un papel poco gratificante para la mujer casada.

Discriminación. Se observa cómo el 59 por 100 de los hombres y el 74 por 100 de las mujeres reconocen que mucho o algo de discriminación existe. Lógicamente la mujer
75 lo percibe en mayor proporción que el hombre, pero al analizar la respuesta se comprueba que más que el propio sexo del entrevistado, es la tendencia política lo que incide a la

hora de responder. Para la mitad de las personas de derechas no existe discriminación, mientras que para las tres 80 cuartas partes de las de izquierdas, sí.

Existe acuerdo en señalar a «la sociedad» como culpable de dicha discriminación, sobre todo los hombres, que se apresuran a exculparse, mientras que una de cada cinco mujeres no tienen tan claro que sea la sociedad y echan di- 85 rectamente al hombre la culpa de su discriminación.

Machismo y hogar. Las dos terceras partes de las mujeres admiten que existe por parte del hombre un comportamiento hacia ellas que cabe conceptuar como machista. Sea cual fuere su edad, aquí las mujeres coinciden. Sin embargo, en- 90 tre los hombres la edad condicionará claramente su capacidad colectiva de autocrítica: para la mitad de los hombres con más de cincuenta años, el comportamiento es de igual a igual.

¿Existe jerarquía sexual en la familia? El 32 por 100 de 95 las mujeres reconoce la existencia de esa superioridad jerárquica del hombre. El hombre o es menos consciente o más cínico respecto a su papel preponderante en la familia. O, por el contrario, se anticipa a reconocer que su «rol» dominante tiende a desaparecer.

100 El criterio electoral de la mujer existe claramente para las dos terceras partes de los ciudadanos, pero todavía la influencia masculina en el voto se cree que persiste sobre el tercio restante.

En resumen, cabría pensar que si se acepta mayoritaria- 105 mente la incorporación de la mujer como trabajadora, si se piensa mayoritariamente que la gestión familiar es compartida y si se le reconoce su propio criterio en materia política, posiblemente, aunque todavía queden bolsas de discriminación en la sociedad, pueda deducirse que la segrega- 110 ción en función del sexo está en vías de extinción.

---

2 *a)* **Revisa de nuevo el texto anterior y subraya todas las frases en las que se define la actitud de los españoles hacia las mujeres en...**

- el trabajo
- la política
- el hogar

b) **Expón a la clase el resultado del ejercicio anterior y discutid las diferencias.**

3 En grupo. **Comprobad la veracidad de las siguientes afirmaciones, relativas al texto anterior.**

- La causa de la discriminación entre hombre y mujer reside en la sociedad, no en el hombre.
- Dentro de la familia, el hombre no solamente es el superior jerárquico, sino que también se «siente» como tal.

4 **Los siguientes términos han sido extraídos del texto anterior.**

a) **Explica su significado.**
b) **Anota todas las palabras que sepáis, dentro de la misma «familia».**

Ejemplo: «Igualatorias», *igual, igualdad, igualitarismo, igualar...*

segregación:
discriminatorias:
reconocimiento:
opinión:
diferencias:
valoración:
equiparación:
mayoritariamente:

En parejas. **Escribid todas las palabras que en vuestra lengua se refieran a la discriminación hombre-mujer o al machismo. Luego traducidlas al español. Elaborad una lista de tales palabras con las sugerencias de la clase.**

5

III. Mujeres al poder

En grupo. *a)* **Leed y analizad los datos que resultaron de una entrevista.**

1

La mujer tiene las mismas posibilidades de promoción que el hombre

	Hombre		Mujer	
%	Sí	No	Sí	No
En el trabajo	56	41	48	49
En la política	59	37	42	52

Comparando con hace diez años, las posibilidades de promoción de la mujer son actualmente más, igual o menos

	Hombre			Mujer		
%	Más	Igual	Menos	Más	Igual	Menos
En el trabajo	80	12	8	78	12	7
En la política	81	12	8	77	14	4

El rendimiento de una mujer en el trabajo, en comparación con el del hombre

%	Hombre	Mujer
Incluso superior al del hombre	5	13
Igual	65	72
Es inferior al del hombre	26	14

La mujer casada debería

%	Hombre	Mujer
Ser siempre y exclusivamente ama de casa	18	9
Trabajar únicamente si no tiene hijos pequeños	26	28
Trabajar fuera del hogar cuando quiera, aunque tenga hijos pequeños	51	60

Si pudiera elegir, qué preferiría la mujer casada

%	Hombre	Mujer
Ser ama de casa	22	14
Trabajar fuera	37	45
Ambas cosas	34	38

1. Existe discriminación social de la mujer

%	Hombre	Mujer
Sí, mucho	17	24
Sí, algo	42	50
No	38	23

2. Quién discrimina a la mujer

%	Hombre	Mujer
La sociedad	75	63
Los hombres	14	21
Las mujeres	9	12

3. En comparación con hace diez años, ahora la mujer está

%	Hombre	Mujer
Más discriminada	3	4
Igual	14	13
Menos discriminada	83	82

1. El hombre trata a la mujer de igual a igual o tiene un comportamiento machista

%	Hombre	Mujer
De igual a igual	43	26
Machista	51	68

2. Quién manda en la familia

%	Hombre	Mujer
El hombre	27	32
La mujer	15	9
Ambos por igual	40	37
Depende de los casos	17	22

3. Cuando hay que votar en unas elecciones, la mujer vota por su cuenta o hace lo que dice su marido (novio, padre)

%	Hombre	Mujer
Vota por su cuenta	61	63
Según le dicen	33	29

b) **Escribid las preguntas que es necesario hacer para lograr los resultados anteriores.**

c) **Ordenad estas preguntas y conservadlas para su utilización posterior.**

2 Revisa de nuevo el texto de II.1 y subraya la parte del mismo donde se hace referencia al cuadro anterior de datos.

3 En parejas. **En la parte del texto identificada anteriormente...**

a) Subrayad todos los verbos.

b) Subrayad las palabras o frases que consideréis «sujetos» de esos verbos.

c) ¿Existe alguna frase «sin sujeto»? Anotadla aparte.

d) Revisad todo el texto y anotad otras frases con características similares.

e) Con los datos recogidos, haced una lista de las *frases impersonales* (sin sujeto) encontradas.

f) Exponed vuestros resultados a la clase y comparadlos con los de vuestros compañeros. Solucionad vuestras dudas preguntando al profesor.

Contrastad con los resultados anteriores y decidid sobre el carácter imperso-nal de las siguientes frases.   **4**

- *Hay un sentimiento mayoritario de equiparación en el rendimiento laboral...*

- *Según la última encuesta mensual, en España sigue habiendo discri-minación.*

- *Sin embargo, en la inmensa mayoría de las respuestas a la citada encuesta no se produce un enfrentamiento de opinión de hombre contra mujer.*

- *En la primera pregunta de este cuadro se observa...*

- *En resumen, cabría pensar que si se acepta mayoritariamente la incorpora-ción de la mujer como trabajadora, si se piensa mayoritariamente...*

¿Existen otras posibles maneras de expresar algo impersonalmente?   **5**

a) **Anotad lo que sepáis al respecto.**

b) **La frase siguiente:**

> *«La inmensa mayoría de las personas reconoce que la mujer está hoy menos discriminada que hace diez años.»*

¿puede ser considerada como «recurso para no mencionar al sujeto o persona que realiza la acción (*reconoce*).

c) En grupo. **Elaborad una regla sobre la formación de frases impersonales en español.**

IV. La vida privada se hace pública

1 Completa el diálogo siguiente.

(Charla con Isabel Durán, directora de una empresa de publicidad.)

Periodista: _____ que no hay muchas mujeres directoras de empresa porque las mujeres no valen para dirigir, son menos racionales...

Isabel: En efecto, «se dice». Se dice eso y muchas cosas más. _____ quien todavía afirma que las mujeres no tienen razón, sino sólo «pasión»... _____ _____ muchas tonterías como ésas. Pero, en realidad, mi experiencia _____ que las mujeres empresarias, o las directoras, o las ejecutivas son tan eficientes o más que los hombres, que son cabales, cumplidoras y totalmente ocupadas y preocupadas por los problemas propios del cargo.

P.: Si eso es así, ¿por qué _____ tan pocas mujeres en puestos de responsabilidad máxima?

I.: _____ muchas razones posibles para _____ el tema. En la sociedad occidental, una de ellas _____ de los esquemas mentales del hombre: el razonamiento del hombre está condicionado, gravemente condicionado, por el machismo. El machismo está por todas partes, consciente o inconscientemente _____ a la conciencia social, a la manera de pensar. Además, la sociedad _____ en parte de acuerdo con esos principios machistas. Por eso las mujeres no tienen lugar en algunos de los esquemas de la sociedad actual.

P.: ¿Y eso de que las mujeres no razonan...?

I.: Una estupidez más. Yo diría que el hombre _____ muy bien de que no razonemos. Eso es todo.

P.: ¿Trabajan muchos hombres en su empresa, a sus órdenes?

I.: Naturalmente que sí. Yo nunca _____ si quien desempeña un cargo es hombre o mujer: es una persona, un ser humano que desempeña una función.

P.: Pero si tú dices en un grupo de hombres que la directora _____ una mujer, ya _____ los ojos de muchos se tornan brillantes e interesados...

I.: Es un claro reflejo del machismo inconsciente. Incluso _____ que alguno _____ _____ a dejar su trabajo y venir a solicitar otro a mi empresa. Pero puede equivocarse. Las mujeres somos también exigentes. Quizá no _____ tan agresivas, pero nos preocupamos más de la motivación, de formar equipos de trabajo...

P.: Es usted muy modesta...

I.: Ya que usted menciona este tema: sí, es verdad, las mujeres _____ ser más modestas en la función que desempeñamos. Los hombres venden mejor lo que son... o lo que _____ que son, que no siempre es lo mismo.

2 Escucha ahora la entrevista anterior y anota las coincidencias o discrepancias con lo que tú has hecho anteriormente.

Señala en el texto de la entrevista anterior los verbos que impliquen «impersonalidad» en la narración. Compara los resultados con los de la sesión III. Anota las diferencias. **3**

Algunos verbos presentan variedades ortográficas o fonéticas en determinados tiempos. Señala las variantes implicadas por... **4**

decir:
dirigir:
equivocar:
permanecer:
conseguir:
evaluar:

Haced un cuadro que, a manera de regla general, sea válido para otros casos semejantes.

En grupos: **¿Hay machismo en la clase de español? Utilizad las preguntas elaboradas en la sesión III.1 y pasad una encuesta a la clase. Presentad a la clase los resultados de vuestra encuesta.** **5**

V. Mujeres ejemplares

Observa: Ésta es la planificación y estructura de una entrevista. Discutidla en grupos. **1**

A) Elección del tema de la entrevista.

B) Investigación sobre la persona que puede ser sujeto de la entrevista: elección de ésta e información sobre su vida.

C) Selección de los puntos sobre los que deseamos que el entrevistado nos dé información o nos diga algo.

D) Elaboración de las preguntas para la entrevista.

E) Ordenación de las preguntas anteriores para dar coherencia a la entrevista.

2 Éste es el personaje: Isabel Gómez. Lee e infórmate sobre su vida.

Isabel representa el espíritu de la lucha femenina diaria. A sus 45 años ha perdido a su marido y tiene que salir adelante con sus cinco hijos. Ha estado un año en el hospital, tras sufrir un accidente de automóvil que la dejó incapacitada para trabajos duros o que exijan esfuerzos musculares de importancia.

Es miembro de la Asociación Feminista de su zona. Acude todos los días a la oficina para ayudar en el trabajo de asesoramiento e información a las necesitadas. Su agenda no le deja ni un minuto libre:

De 6,30 a 7,30 arregla a sus hijos para el colegio y les prepara el desayuno.

De 8 a 12 trabaja en una empresa, en Relaciones Públicas. Recoge a dos de sus hijos y prepara la comida. Limpia la casa.

A las 3 acompaña al colegio a dos de sus hijos menores. De 3,30 a 5 de la tarde continúa su trabajo en la misma empresa: ahora prepara las entrevistas del día próximo.

Recoge a sus hijos del colegio y los lleva a casa. Los deja al cuidado de la hermana mayor, que ya ha vuelto también de sus clases de bachillerato.

De 6 a 7,30 va a la Oficina de la Asociación Feminista, donde atiende gran número de consultas.

A las 8 de la tarde vuelve a casa y prepara la cena a sus hijos. Los sábados y domingos aprovecha para ordenar a fondo su casa y descansar cuando sus hijos se lo permiten.

3 Ahora escucha —no leas— lo que hace Isabel Gómez cada día y toma apuntes sobre la siguiente tabla horaria.

MAÑANA	TARDE
6-7	2-3
7-8	3-4
8-9	4-5
9-10	5-6
10-11	7-8
11-12	8-9
12-13	9-10
13-14	10-11

SÁBADO:
DOMINGO:

En grupos. **Destacad los datos más sobresalientes de la vida diaria de Isabel Gómez.**

4

1.
2.
3.
4.
5.
6.
7.
8.
9.
10.

Anotad los que os parezcan relevantes en relación con el tema del feminismo o el machismo.

En grupos. **Con los datos reunidos sobre el tema de la discriminación de la mujer en general y sobre Isabel Gómez y su situación...**

5

a) **Escribid las preguntas para entrevistar a Isabel Gómez.**

b) **Pasad esa entrevista a una voluntaria de otro grupo.**

c) **Grabad la entrevista.**

d) **Presentad los resultados de esa entrevista a la clase.**

e) **Seleccionad la mejor entrevista de la clase.**

Consulta el Apéndice gramatical

Pág. 165

I. El encanto de ser europeos

1 El 25 de marzo de 1957, Bélgica, Holanda, Francia, Italia, Alemania Federal y Luxemburgo firmaban en Roma el Tratado fundacional de la Comunidad Europea. Así se dio la noticia en España. Comenta, desde la perspectiva actual, los titulares de los periódicos españoles de entonces.

Ha nacido una ilusión
(La Vanguardia, 27-3-57)

El Mercado Común Europeo puede ir al cesto de los papeles
(Arriba, 24-3-57)

Nueva era para la seguridad y economía europea
(ABC, 29-3-57)

Nace para la historia un nuevo concepto de Europa
(Pueblo, 25-3-57)

2 Escucha lo que ocurre, 30 años después, en el Parlamento Europeo. ¿Cuál de los siguientes títulos consideras más adecuado para esta crónica «europea»?

- ¡Abajo los nacionalismos!
- Por una Europa unida.
- No al individuo, sí a la comunidad.
- Un Parlamento estrafalario.
- La unidad discrepante.

Lee ahora el texto anterior y confirma la elección del título seleccionado anteriormente. 3

Cuando un diputado alemán coloca sobre su escaño la reproducción de una barrera aduanera en miniatura, pone de manifiesto uno de sus más ardientes deseos europeos: acabar con los controles fronterizos. Cuando este mismo diputado, en compañía de otro colega inglés, se dirige cada mañana a la sede del Parlamento Europeo en bicicleta expresa su lucha por otra causa común: defender las ciudades europeas contra los ruidos y la polución.

Si un diputado danés, cubierta su cabeza con un casco de minero, se sienta en su escaño para prevenir un accidente porque el día antes se ha desplomado una lámpara sobre otro diputado portugués; y si en vez de ser expulsado o amonestado por el presidente, éste se limita a comentarle: «Señor diputado, me parece que no está usted suficientemente protegido», es que estamos en Europa.

Si un diputado alemán le dice a otro diputado francés unas cuantas palabras y éste le contesta con otras tantas sin que pase nada especial, esto significa que estamos en Europa, en una Europa que busca la convivencia y la paz.

Se aceptan excentricidades, se discute por temas insignificantes, se buscan acuerdos, se solicitan firmas para los fines más dispares e insospechados. Hay como una especie de concurso para ver quién llega a ser más europeo, más original, más inteligente, más vital, menos apegado a la pequeña franja de tierra que le vio nacer.

Nunca hasta ahora había tenido Europa tantas ocasiones, ni tantos lugares, ni tantas voluntades decididas a estar unidas. ¿Acaso los europeos han descubierto ahora el «encanto de ser europeos»?

Selecciona, en el texto anterior, las palabras o expresiones que te hayan parecido más difíciles. Comunica tus anotaciones a la clase y haced una lista conjunta. Luego buscad los equivalentes en vuestra lengua. 4

Escucha y marca con una cruz lo que el «ser europeo» implicará en la «Europa Unida». 5

- Hablar una misma lengua. ☐
- Comer la misma comida y a la misma hora. ☐
- Tener un gobierno para todos. ☐
- Acostarse y levantarse a la misma hora. ☐

- Eliminar las fronteras actuales. ☐
- Disponer de una moneda comunitaria. ☐
- Prohibir las bebidas alcohólicas. ☐
- Atenerse a la misma política de defensa. ☐

1 Analiza esta información sobre la Europa Comunitaria y calcula...

- Número de habitantes:
- Kilómetros cuadrados que ocupan los países comunitarios:
- Población sin trabajo o desempleada:
- Media del Producto Interior Bruto (PIB):

Nota: **Para realizar estas operaciones usan estas formas:**

SUMA: cinco **más** cinco **igual a...** $(5 + 5 = ...)$
RESTA: diez **menos** dos **igual a...** $(10 - 2 = ...)$
MULTIPLICACIÓN: cinco **por** cinco **igual a...** $(5 \times 5 = ...)$
DIVISIÓN: veinticinco **entre/dividido por** cinco **igual a...** $(25 : 5 = ...)$

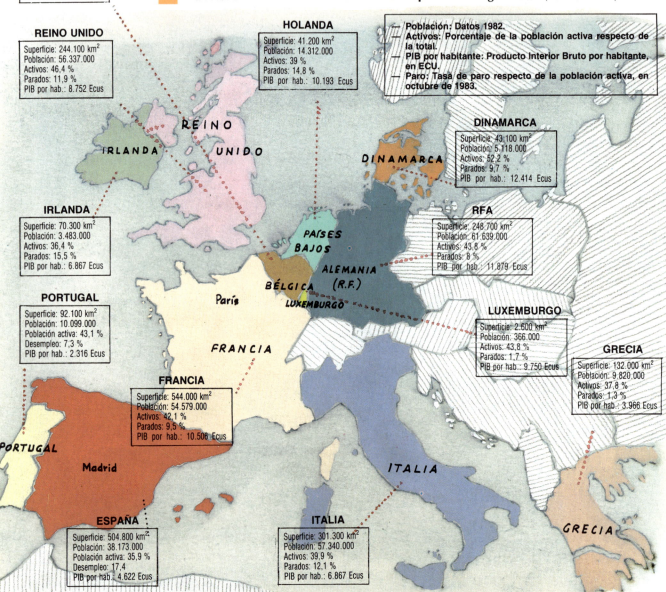

BÉLGICA
Superficie: 30.500 km²
Población: 9.858.000
Activos: 41,4 %
Parados: 15,3 %
PIB por hab.: 9.081 Ecus

REINO UNIDO
Superficie: 244.100 km²
Población: 56.337.000
Activos: 46,4 %
Parados: 11,9 %
PIB por hab.: 8.752 Ecus

HOLANDA
Superficie: 41.200 km²
Población: 14.312.000
Activos: 39 %
Parados: 14,8 %
PIB por hab.: 10.193 Ecus

- Población: Datos 1982.
- Activos: Porcentaje de la población activa respecto de la total.
- PIB por habitante: Producto Interior Bruto por habitante, en ECU.
- Paro: Tasa de paro respecto de la población activa, en octubre de 1983.

DINAMARCA
Superficie: 43.100 km²
Población: 5.118.000
Activos: 52,2 %
Parados: 9,7 %
PIB por hab.: 12.414 Ecus

IRLANDA
Superficie: 70.300 km²
Población: 3.483.000
Activos: 36,4 %
Parados: 15,5 %
PIB por hab.: 6.867 Ecus

RFA
Superficie: 248.700 km²
Población: 61.639.000
Activos: 43,8 %
Parados: 8 %
PIB por hab.: 11.879 Ecus

PORTUGAL
Superficie: 92.100 km²
Población: 10.099.000
Población activa: 43,1 %
Desempleo: 7,3 %
PIB por hab.: 2.316 Ecus

LUXEMBURGO
Superficie: 2.600 km²
Población: 366.000
Activos: 43,8 %
Parados: 1,7 %
PIB por hab.: 9.750 Ecus

GRECIA
Superficie: 132.000 km²
Población: 9.820.000
Activos: 37,8 %
Parados: 1,3 %
PIB por hab.: 3.966 Ecus

FRANCIA
Superficie: 544.000 km²
Población: 54.579.000
Activos: 42,1 %
Parados: 9,5 %
PIB por hab.: 10.506 Ecus

ESPAÑA
Superficie: 504.800 km²
Población: 38.173.000
Población activa: 35,9 %
Desempleo: 17,4
PIB por hab.: 4.622 Ecus

ITALIA
Superficie: 301.300 km²
Población: 57.340.000
Activos: 39,9 %
Parados: 12,1 %
PIB por hab.: 6.867 Ecus

Lee y explica con tus propias palabras en qué consiste el *encanecimiento* de Europa. **2**

Hace tan sólo veinte años la perspectiva de un encogimiento demográfico en Europa hubiera parecido rídicula. La economía de la postguerra conocía entonces la cresta de su mayor y más prolongada expansión. Los negocios crecían y así lo hacía la tasa de natalidad. Los europeos se casaban un año más jóvenes o tan jóvenes como en los años cuarenta y cincuenta y procreaban antes. La mortalidad infantil descendió rápidamente y se aseguró un crecimiento demográfico lento pero constante. La tendencia parecía tan sólida que muchos europeos de izquierda y de derecha comenzaron a proponer un crecimiento demográfico cero, tanto para estabilizar la explosión demográfica mundial como para preservar de alguna manera el equilibrio ecológico en Europa.

Pero en 1964 la tasa de natalidad europea alcanzó un punto de inflexión y comenzó a descender. Once años más tarde estaba por debajo del mágico *número de sustitución:* 2,1 hijos por mujer, con el que se puede reemplazar la población existente. La curva ha seguido bajando. Alemania Occidental, Gran Bretaña, Bélgica, Dinamarca y Luxemburgo —junto con Alemania Oriental, Hungría y Checoslovaquia— están a punto de ver reducida su población en las primeras décadas del próximo milenio. Italia se encuentra en el mismo barco. Francia y Holanda están por debajo del número mágico, pero pueden superarlo antes del año 2000.

Con un número cada vez menor de nacimientos, el *encanecimiento* de Europa está en marcha. La esperanza media de vida para el hombre europeo occidental se ha disparado de los 64 años en 1951 a los 71 actuales. Hace treinta años, las mujeres europeas podían contar con vivir 68 años. Ahora cuentan con 78 y contarán con 81 en el año 2000. Al final de la Segunda Guerra Mundial, la población de más de 65 años constituía menos del diez por ciento en la mayoría de los países europeos. Ahora representa el quince por ciento y en los primeros años del próximo siglo uno de cada cinco europeos será *una persona mayor.*

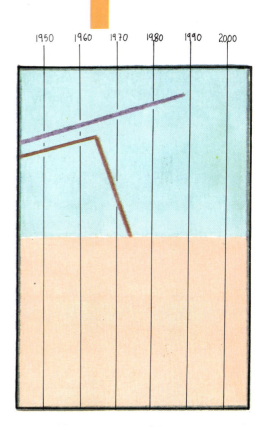

Escucha el texto anterior y anota los datos más sobresalientes contenidos en él sobre... **3**

- Problema en torno a la población:
- Tasa de natalidad:
- Índice de crecimiento demográfico:

- Índice de mortalidad:
- Expectativas de vida del europeo hoy:
- Expectativas de vida para el año 2000:

Escucha el siguiente texto: ¿Cuántas de las afirmaciones siguientes puedes identificar en la audición? **4**

1. El esfuerzo futuro se centrará en las nuevas tecnologías. ☐
2. La Comunidad Europea tiene bien asentados los fundamentos de la educación. ☐

3. El contenido de la educación en la Europa Comunitaria está sistematizado y unificado. □

4. La educación futura debe sentar la base de la unificación en los mapas y las mentes europeos. □

5. Uno de los objetivos prioritarios es favorecer los intercambios de alumnos en todos los niveles educativos. □

6. La enseñanza de idiomas es un tema prioritario. □

5 **Escucha de nuevo el texto anterior: Subraya las palabras de la lista siguiente que logres identificar.**

fundamentos	mano de obra	mejora
decisivo	permeabilidad	esperanza
investigación	protagonismo	docentes
mercados	se echa de menos	intensificación

III. Aventuras conjuntas

1 *a)* **Lee los textos de I.3 y II.2 y subraya todos los verbos que van seguidos de preposición. Luego haz una lista y explica su significado o da equivalencias.**

Ejemplo: ... coloca SOBRE...: *pone encima de*
... acabar CON...: *poner fin a, finalizar, etcétera.*

b) **Intenta sustituir la preposición por otra equivalente en los casos en que esto sea posible.**

Ejemplo: ... **coloca SOBRE...** = *coloca encima de...*

Observa que muchos de esos verbos *deben ir acompañados* necesariamente de esa preposición si queremos conservar el mismo significado.
Consulta tus dudas con el profesor o con un diccionario.

DE • CON • A • SOBRE • EN • CONTRA • POR • PARA

a) Todos hablan ___ ese tema, pero nadie llega ___ conclusiones unitarias.

b) En 1964 la tasa de natalidad alcanzó un punto de inflexión y empezó ___ descender.

c) Ahora todavía cuentan ___ los dedos, pero la cifra se incrementa y pronto deberán contar ___ la ayuda de una calculadora.

d) En el futuro sus esfuerzos se centrarán ___ dos frentes.

e) Todos podrán disponer ___ la misma moneda en cualquier país.

f) Nadie estará ya pegado ___ su pequeña franja de tierra.

g) Ni siquiera los parlamentarios estarán protegidos ___ la caída de lámparas ___ su escaño.

h) Cada nación deberá renunciar ___ su propio gobierno para someterse ___ otro gobierno superior, el de Europa.

---

a) **Asigna al menos un valor o significado a cada una de las siguientes preposiciones.** 3

DE:
A:
POR:
CON:
DESDE:
SOBRE:
EN:

b) **¿Se aplica el significado anotado anteriormente a cada uno de los casos siguientes?**

- Aceptó **a** Isabel por esposa.
- Se acordó **de** sus amigos cuando ya era tarde.
- El ser regionalista no se armoniza **con** ser europeo.
- España se asemeja poco **a** la India. Mejor dicho, no se asemejan **en** nada.
- Su gozo se cambió pronto **en** tristeza.
- Cargó **con** todas las culpas, el pobrecito.
- Un país poderoso como éste no debería cerrarse **a** la negociación.
- ¿Acaso es posible comparar la renta de España **con** la de Francia?

- Todo se concentra **en** reducir la tasa de paro.
- Le felicitaron por el trabajo realizado **en** la comisión.
- Se graduó **en** ciencias sociales antes de llegar **a** presidente del Parlamento.
- Nunca fue capaz de influir **en** la marcha de sus negocios.
- Es imposible: sus oponentes siempre le ganan **en** todo; no puede **con** ellos.
- La opinión de un país prevaleció **sobre** la de los demás.
- Vino a pie **desde** París.

Escucha este debate. 4

- **¿Cuál es el tema principal?**
- **¿Cuántas personas intervienen en él?**

5 **Éstas son algunas de las frases útiles para un debate:**

A) Clasifícalas dentro de las siguientes áreas:

= acuerdo
= desacuerdo
= discrepancia
= concesión
= duda

Depende
Hombre, yo no estoy de acuerdo contigo
Estoy seguro de ello
Ciertamente que no
Realmente considero que…
Absolutamente cierto
Desde mi punto de vista…
¡Claro, claro!
No, no, eso no es así
Permítame que le diga que…
Bueno, mira, tú puede que lo hagas, pero…

B) ¿Ha ocurrido alguna de ellas en el debate anterior? Subráyala.

C) Escribe una o más frases para cada una de las expresiones anteriores.

IV. La unidad por encima de todo

1 Éste es el prototipo de los nuevos jóvenes europeos que luchan por la unidad del viejo continente. Escucha y rellena su ficha personal.

1. DATOS PERSONALES:
   APELLIDOS:
   NOMBRE:
   EDAD:
   ESTADO CIVIL:
   NACIMIENTO:
   LUGAR DE RESIDENCIA:
2. OCIO Y TIEMPO LIBRE:

3. PENSAMIENTO POLÍTICO:

4. ORGANIZACIÓN(ES) EN LA(S) QUE COLABORA:

5. OBJETIVOS DE ESTA(S) ORGANIZACIÓN(ES):

Compara los ideales y la actuación de Fran, en el texto anterior, con las ideas del debate en III.4. Anotad: **2**

- *Ideas en común*

- *Discrepancias*

Comunicad vuestros resultados a la clase y haced una lista común con ellos.

Revisa una vez más el debate de la sesión anterior (III.4). **3**

a) ¿Qué frase o qué intervención consideras como el mejor resumen de lo que se quiere decir?

b) Señala las frases que, a tu juicio, no están completas, están deficientemente construídas o contienen errores de cualquier tipo.

c) Subraya las expresiones de apoyo que, por no aportar nada de importancia, podrían ser eliminadas.

d) Subraya, además, las expresiones que consideras propias de un debate o discusión.

En grupo. **Comunicad a la clase los resultados del estudio anterior y discutidlos entre todos. Consultad las dudas con el profesor.** **4**

En casa. **Escuchad un debate a través de la radio o la televisión y anotad...** **5**

- Ideas principales debatidas:

- Número de personas que intervienen:
- Argumentos en favor de una u otra posición:

- Razonamientos lógicos de los argumentos aportados.

V. El futuro de un continente

En parejas. **Escribe cinco frases sobre la actitud o sentir «generalizados» en Europa en torno a...** **1**

- La India.
- Latinoamérica.
- El África del hambre.
- Los países árabes.

133

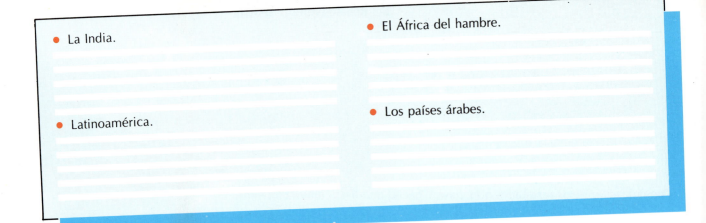

- La India.

- El África del hambre.

- Latinoamérica.

- Los países árabes.

2 Lee cada una de tus frases a la clase, añadiendo UNA razón para fundamentar las diferentes afirmaciones o juicios.

3 El juego de las alianzas.

En grupo. **Formad alianzas entre las potencias económicas y militares del siglo XXI. Justificad las conclusiones a que habéis llegado anotándolas por escrito.**

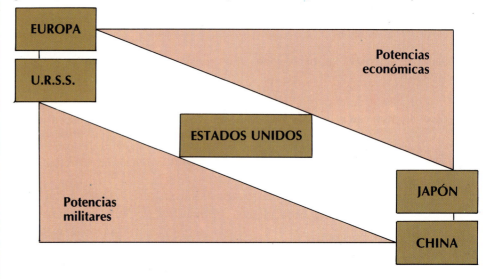

Tema: «El futuro de Europa».
Moderador: el profesor.

a) En grupos: Cada grupo anota sus ideas sobre el futuro de Europa. Podéis guiaros por lo sugerido en los distintos textos de la presente unidad.

b) Cada grupo elige un PORTAVOZ para defender cada una de las ideas anotadas.

c) Se inicia el debate: Comienza el grupo al que le haya correspondido por sorteo.

Nota: El debate se grabará y tendrá una duración máxima de 15-20 minutos. La grabación se volverá a oír posteriormente para analizar especialmente los siguientes aspectos:

- ideas transmitidas;

- errores de comprensión debidos a una deficiente o errónea expresión lingüística;

- palabras o frases mal utilizadas;

- frases, expresiones o registros propios del debate.

TÉNGANSE EN CUENTA LAS TRES REGLAS DE ORO DEL DEBATE
- Habla con sencillez
- Habla con naturalidad
- Argumenta con cortesía

Consulta el Apéndice gramatical *Pág. 165*

I. Riqueza y pobreza

1 En parejas. **¿Qué adjetivos utilizaríais para describir o calificar a Latinoamérica? Anotadlos y haced una lista.**

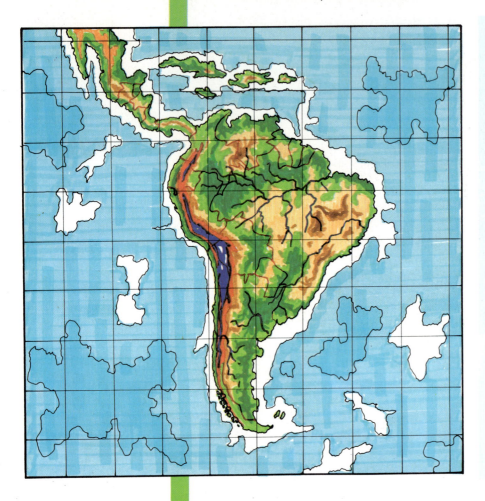

2 **Escucha el siguiente texto: ¿Se corresponde lo que oyes con las fotos que ves? Explica por qué y da algunas razones. Utiliza...**

PORQUE
DEBIDO A QUE
YA QUE
POR EL CONTRARIO
A CONSECUENCIA DE QUE
COMO RESULTADO DE
POR TODO ELLO
POR ESA RAZÓN

Escucha de nuevo el texto anterior. Trata de escribir las palabras cuyo significado no entiendes. Luego pregunta a tu compañero por el significado o utiliza tú mismo el diccionario.

3

4   Estas palabras han sido extraídas del texto que has escuchado.

a)   Da una definición para cada una de ellas.
b)   Busca un equivalente en tu idioma.

- crédito
- de categoría mundial
- crisis
- se ponía (a Brasil como...)
- inyección (de 12.000 millones...)
- desplazarse
- deuda
- subyacente
- echar mano
- factible

5   Sobre la base del texto anterior, ¿cómo crees tú que se podrían solucionar estos problemas de Latinoamérica? Escribe tus ideas y léelas a la clase. Haced una lista con las ideas de todos.

II.   De América a Europa

1   En grupo. **Señalad con una cruz cuáles de los siguientes alimentos fueron traídos de América a Europa, tras el descubrimiento de ésta.**

patata	☐	maíz	☐	cacahuete	☐	tabaco	☐
yuca	☐	zanahoria	☐	coco	☐	ajo	☐
manzana	☐	boniato	☐	cacao	☐	cebolla	☐
trigo	☐	pimiento	☐	pavo	☐	plátano	☐
tomate	☐	gallina	☐	piña	☐	banana	☐
caña de azúcar	☐			batata	☐		

Lee y comprueba todo lo anotado en II.1 y 2. **3**

DE AMÉRICA A EUROPA, Y LA BUENA MESA

Gracias a las comunicaciones de hoy, podemos tener en nuestra mesa frutos tropicales y exóticos que asociamos con América y que nos proporcionan una mesa variada e interesante. Tenemos piña fresca, papaya, mangos, aguacates, chayotes y muchas otras cosas que se incorporan a nuestros menús con creciente impulso. Pero esto es relativamente reciente. La gran aventura del Descubrimiento se emprendió con el propósito de ganar especias para la mesa europea. Cuando España descubre América, descubre alimentos nuevos, y también lleva a los colonos que dejan en el Nuevo Mundo productos de aquí. Pero los que nos interesan son los que, originarios de América, se van incorporando a nuestra cultura hasta que se convierten en productos básicos para nuestra alimentación y gastronomía.

Quizá el más importante de estos productos aportados por el Nuevo Mundo es la *patata*. La patata es originaria del altiplano andino de Bolivia y Perú, y no sabemos por qué se trae a Europa en vez de otros tubérculos quizá más sabrosos, tales como la yuca, el ñame o la yautía. El primer europeo que escribe sobre ella es, probablemente, Pedro de Cieza, compañero de Pizarro, que, en 1533, menciona en su crónica la existencia, en las cercanías de Quito, de una planta denominada «papa» que, como el maíz, era uno de los principales elementos en la cocina de los indios. El caso es que Europa acepta la patata y la convierte en aquello sin lo cual casi no puede vivir. La capacidad increíble de esta planta para adaptarse a cualquier tierra y a cualquier clima posibilita su integración en cualquier tipo y estilo de cocina. Irlanda, Alemania, Holanda y Polonia son los grandes consumidores europeos, y hoy en día mundiales, de patata, y es tan básica para sus cocinas como para España la tortilla de patatas, plato casi nacional hecho con este producto americano que en tantas formas se puede presentar. La *batata* y el *boniato* son también americanos, aunque no tuvieron la aceptación de alimento diario que tuvo y tiene la patata.

¿Y qué sería de una ensalada sin tomate? ¿O de un plato de pasta o una pizza? El *tomate* aparece en casi todas las salsas y guisos de Europa, especialmente en los países a orillas del Mediterráneo, que con tomates acompañan casi cualquier cosa. Pues el tomate es originario de América del Sur y probablemente fue traído a Europa a través de México a principios del siglo XVI.

En Perú se han encontrado semillas de tiempos prehistóricos de *pimiento*, el cual era muy conocido en América Central y América del Sur en la época precolombina. Sus semillas llegan, en 1493, a España, desde donde se extienden rápidamente por Europa. No olvidemos que Colón buscaba la ruta a Oriente en pos de condimentos y especias para las mesas de Europa. De esto encontró poco en América, pero se pudo llevar una gran variedad de pimientos picantes y dulces.

Los indios usaban como alimento básico el *maíz*, que aparecía en los banquetes de las cortes del imperio azteca hervido, relleno, enrollado o asado: era, y es, el sustituto del pan, y posiblemente no gustara tanto al paladar refinado europeo, no solamente por proporcionar una harina más basta, sino porque, en Europa, había cereales que daban finísimas harinas de repostería. El maíz queda, pues, en un segundo plano, usado en Europa principalmente como alimento de animales y no en la mesa. El *cacahuete*, o maní, producto nativo de América del Sur, se introduce en las zonas tropicales del Viejo Mundo y se convierte en el delicioso acompañante del aperitivo. Viene a Europa desde México, pero no se establece como alimento básico, como lo hace en Oriente.

Uno de los productos americanos más conocidos es el *cacao*. El cacao lo bebían en la corte de Moctezuma y se creía que tenía poderes afrodisíacos; allí lo preparaban para terminar las comidas, con miel, malanga, diversos chiles picantes o con frutas variadas. Los aztecas y los mayas utilizaban el cacao también como moneda de comercio. El cacao llega en el siglo XVI a Europa, donde se refina su proceso para obtener no sólo el cacao como bebida, sino el chocolate y la manteca de cacao. A pesar del interés de Felipe II, el chocolate no entró en su cocina, ni tampoco en la de ninguno de los Austrias. Sujeta la corte a severas tradiciones, todo cambio en las cocinas reales era prácticamente imposible y cabe, pues, a los Borbones, por su influencia francesa, la gloria de dar entrada al chocolate en la mesa real española. La moda del chocolate se justificó atribuyéndosele todo tipo de propiedades

terapéuticas. Lo curaba casi todo, y además engordaba, lo cual era signo de buena salud; todos ellos pretextos para entregarse a una exquisita golosina.

En cuanto a lo que nos proporcionó América en carnes o ganado, es mayor lo que Europa llevó a América, pero tiene gran importancia el *pavo*, plato tan celebrado en días festivos. En Europa se comía el pavo real, pero el pavo que conocemos ahora viene de América, donde los indios lo servían en banquetes, y quizá sea la única pieza de caza incorporada al menú europeo. Originario de América del Norte, el pavo común se domestica en México y la variedad conocida como *gallopavo* en el sur de México es la que traen los españoles a Europa a principios del siglo XVI.

En cuanto a productos no comestibles, pero sí de gran importancia y consumo, el *tabaco* revoluciona a Europa. Originalmente crecía en América del Sur, México y Las Antillas, mientras que los indios de Norteamérica cultivaban una variedad salvaje. Cuando Cristóbal Colón descubre América, encuentra a los indios fumando tabaco en forma muy similar a la de hoy en día. El tabaco era importante en las ceremonias indias, tales como fumar la pipa de la paz; precisamente su nombre deriva de la voz india *tabaco*, que significa pipa de la paz. Los indios de Norteamérica creían que tenía propiedades medicinales, lo cual fue la razón principal para que se introdujera en Europa, donde se crea un imperio alrededor de este producto que tanta aceptación tiene en el Viejo Continente, y posteriormente, en todo el mundo.

Los productos originarios de América son muchos, pero pocos los que se incorporan consistentemente a las mesas europeas, aunque éstos, sin lugar a duda, obtienen una aceptación tal que se convierten en indispensables para la gastronomía del Viejo Continente.

4 En parejas. **Definid algunos de los alimentos mencionados anteriormente.**

Ejemplo: **Patata:** *planta con raíces en forma de tubérculos, de forma redondeada, muy común en nuestra alimentación diaria.*

maíz	boniato	miel
tabaco	piña	cacao
pavo	batata	tomate
caña de azúcar	cacahuete	ajo
zanahoria	pimiento	

5 Comprueba tus definiciones anteriores contrastándolas con las de un *Diccionario de la Lengua Española.*

pa·ta·ta [patáta] *s/f* **1.** Planta anual solanácea, cuya raíz produce tubérculos redondeados, básicos en la alimentación actual. **2.** Cada uno de esos tubérculos.

6 En casa. **Consulta una enciclopedia e infórmate sobre *el Perú*. Toma nota de lo que consideres más importante sobre este país.**

III. Entre el mar y la selva

En grupo. **Reunid cada grupo la información recopilada por cada uno, en casa, sobre el Perú (según II.6).** **1**

Comparad esa información con la siguiente y completadla si es necesario. **2**

EXTENSION: 1.285.215 kilómetros cuadrados

POBLACION: 15.000.000
Población relativa: 11,5 habitantes por kilómetro cuadrado
Índice de natalidad: 41 %
Índice de mortalidad: 11 %
Crecimiento de población: 30 %

DISTRIBUCIÓN DE LA SUPERFICIE:
Bosque: 67,7 %
Prados y pastos: 21,3 %
Cultivos: 2,1 %
Improductivo: 8,9 %

EDUCACIÓN:
Enseñanza superior: 100.000
Enseñanza secundaria: 565.000
Enseñanza primaria: 2.400.000
Preescolar: 68.000
Analfabetos: 40 % de la población

RELIGIÓN:
Catolicismo

DEUDA EXTERIOR:
15.000 millones de dólares

INFLACIÓN: 100 %

RENTA PER CÁPITA: 600 dólares

Lee e identifica a los protagonistas de este enfrentamiento. **3**

Era un día más para el ciudadano medio del Perú. El sol había aparecido, como cada día, por encima de los Andes hasta asomarse al Pacífico, para refrescar su cara en las aguas frescas del océano.

Pronto, sin embargo, iba a estallar una verdadera revolución en el país; gracias a Dios, sin sangre; pero con mucha preocupación y enconamiento. Al salir a la calle, los transeúntes oyen a los vendedores de periódicos pregonando algo así como el «hundimiento de la banca». LA BANCA HA SIDO ESTATALIZADA, ha pasado a ser gestionada y administrada por el Estado. Es la decisión que, finalmente, se ha atrevido a tomar el Presidente del Perú.

La respuesta no se hace esperar. Las voces de los dueños de los bancos casi enmudecen al oírse la de un escritor mundialmente famoso, el autor de *La ciudad y los perros*, el niño mimado del mundo; el escritor que ha dejado de corregir las pruebas de su último libro —*El hablador*— para intervenir en el más sonado debate nacional. Los ingredientes de una posible tragedia están servidos.

He aquí algunos sinónimos o definiciones de términos contenidos en el texto anterior. **4**

a) **Subraya la palabra del texto a que corresponda cada uno de ellos.**

b) **Comunica tus resultados a la clase.**

1. sobre
2. normal, que no está en los extremos
3. iniciarse de manera violenta
4. famoso
5. dando a conocer algo en voz alta
6. se callan
7. empezar a aparecer
8. quienes pasan caminando
9. componentes
10. ha tenido valentía para hacer

5 En grupo. **Mario Vargas Llosa es un famoso escritor en lengua española. Elaborad su biografía reuniendo los datos que conozca cada uno de los miembros del grupo. Preguntad por sus datos a los demás grupos de la clase.**

6 **Lee este extracto de la novela de Vargas Llosa,** *La ciudad y los perros,* **publicada en 1963. Luego anota tus impresiones.**

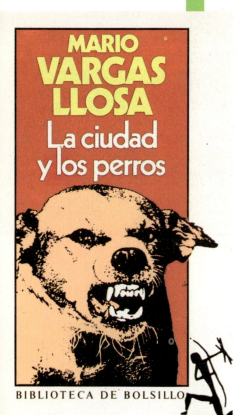

—Ocho y treinta —dice el teniente Gamboa—. Faltan diez minutos.

En el aula hay una especie de ronquidos instantáneos, un estremecimiento de carpetas. «Me iré a fumar un cigarrillo al baño», piensa Alberto, mientras firma la hoja de examen. En ese momento la bolita de papel cae sobre el tablero de la carpeta, rueda unos centímetros bajo sus ojos y se detiene contra su brazo. Antes de cogerla, echa una mirada circular. Luego alza la vista: el teniente Gamboa le sonríe. «¿Se habrá dado cuenta?», piensa Alberto, bajando los ojos en el momento en que el teniente dice:

—Cadete, ¿quiere pasarme eso que acaba de aterrizar en su carpeta? ¡Silencio los demás!

Alberto se levanta. Gamboa recibe la bolita de papel sin mirarla. La desenrolla y la pone en alto, a contraluz. Mientras la lee, sus ojos son dos saltamontes que brincan del papel a las carpetas.

—¿Sabe lo que hay aquí, cadete? —pregunta Gamboa.

—No, mi teniente.

—Las fórmulas del examen, nada menos. ¿Qué le parece? ¿Sabe quién le ha hecho este regalo?

—No, mi teniente.

—Su ángel de la guarda —dice Gamboa—. ¿Sabe quién es?

—No, mi teniente.

—Vaya a sentarse y entrégueme el examen —Gamboa hace trizas la hoja y pone los pedazos blancos en su pupitre—. El ángel de la guarda —añade— tiene treinta segundos para ponerse de pie.

Los cadetes se miran unos a otros.

—Van quince segundos —dice Gamboa—. He dicho treinta.

—Yo, mi teniente —dice una voz frágil.

Alberto se vuelve: el Esclavo está de pie, muy pálido y no parece sentir las risas de los demás.

—Nombre —dice Gamboa.

—Ricardo Arana.

—¿Sabe usted que los exámenes son individuales?

—Sí, mi teniente.

—Bueno —dice Gamboa—. Entonces sabrá también que yo tengo que consignarlo sábado y domingo. La vida militar es así, no se casa con nadie, ni con los ángeles —mira su reloj y agrega—. La hora. Entreguen los exámenes.

IV. Razones contrapuestas

Lee esta entrevista con el Presidente del Perú. Subraya no más de diez palabras que sinteticen las respuestas del Presidente.

1

PREGUNTA: Democracia y hambre. ¿Qué es primero?

RESPUESTA: A mí me enseñaron de joven: «Primero vivir y luego filosofar», que para los estalinistas significaba: primero es el reino de la necesidad, luego la libertad. En esta época es todo lo contrario. Es mi tesis. Y la razono: el reino del desarrollo material no tiene escape; es el reino de la antilibertad, con la publicidad, la obsolescencia de los bienes de consumo y con la tecnología, tal como avanza, no hay tiempo para saltar al reino de la libertad. El reino de la necesidad hace objeto a quienes entran en él.

P.: Y la inteligencia ¿no puede intentar controlar ese riesgo?

R.: La inteligencia la podemos tener nosotros, los pobres del mundo; los ricos ya están en ese camino.

P.: ¿Usted prefiere la pobreza?

R.: No, yo prefiero lo necesario, como dijo el buen Cristo.

P.: ¿Cómo ve un católico, usted, el fanatismo religioso?

R.: Éste es un siglo de fundamentalismos. Creo que todos lo padecemos algo: el Fondo Monetario Internacional, el Pentágono...

P.: ¿En qué cree más, en el Estado o en el hombre?

R.: En el hombre, en el espíritu.

P.: Usted reduce la compra de armas. ¿Llegaría a un país sin ejército?

R.: Si le contesto, no sé cuánto tiempo duraría.

P.: ¿Cree que Vargas Llosa aspira a ser Presidente del Perú?

R.: Eso habría que preguntárselo a él; en lo que a mí toca, yo le respeto mucho, soy admirador de su técnica literaria.

P.: ¿Cuál es el papel de un intelectual en América Latina?

R.: Como el político tiene un compromiso, que es el de transformar la sociedad, el poeta también tiene un compromiso, que es el de transformar el lenguaje.

Escucha ahora la entrevista al escritor Vargas Llosa, que se oyó al día siguiente por la radio y completa el texto que falta.

2

P.: ¿Es posible la democracia en un país lleno de miseria?

R.: ¿Y cómo no? Es _____ me apena de Europa. Allí se cultiva esa caricatura cuando se trata de América Latina. Sobre todo cuando _____ de democracia y libertad, inmediatamente _____ una sonrisa irónica, como si la pobreza, el atraso, _____ totalmente incompatibles con esas instituciones que dijérase que sólo pueden ser atributos de los pueblos avanzados y cultos, prósperos. Esto _____ incluso en los círculos intelectuales más progresistas, que no _____ una dictadura comunista para nuestros países pobres. Por eso

nosotros no ▬▬ ayuda alguna de los pueblos democráticos avanzados. Nadie nos ayuda a nosotros como ▬ a Cuba la Unión Soviética. Y ésta es una de las dificultades para el afianzamiento de las democracias en los países subdesarrollados. Pero yo .ya ▬▬▬▬ que si la democracia triunfa en América Latina, ▬▬ porque los latinoamericanos habrán conseguido sacarla adelante ellos solos, sin la ayuda, por supuesto, de los enemigos, pero con la hostilidad e indiferencia de los ▬▬ amigos que tenemos.

P.: ¿Y por qué ▬▬▬▬ usted, como un resorte, contra la estatificación del Presidente García que, en su intención al menos, parece querer poner fin a la espantosa miseria que aún ▬▬ en su país?

R.: Porque la democracia está en peligro. Ésta es una democracia muy frágil, no como las europeas. En Francia, Mitterrand ▬ estatificar la banca y la democracia ▬▬; pero eso ocurre en un Estado de institución permanente, que está nítidamente ▬▬▬ del Gobierno, que es más bien una unidad transitoria. En un país subdesarrollado no ocurre así. Y si el Gobierno ▬▬ a adquirir un poder económico tan gigantesco, la democracia ▬▬ desestabilizada. Es como si ▬▬ a un elefante en una casa. Los créditos los van a tener sólo los partidarios del Gobierno. ¿Cómo ▬▬▬▬ las empresas privadas?

3 Pregunta a tu compañero por sus soluciones al texto anterior.

4 Subraya, en el texto anterior, las palabras que utiliza Vargas Llosa para definir la democracia, en su país o en otros países.

5 Revisa el texto una vez más y observa.

DES-ESTABILIZAR contrasta con *ESTABILIZAR*

El prefijo DES- añade la idea de carencia a la palabra a la que se antepone. «Desestabilizar» = quitar la estabilidad.

En el texto encontrarás palabras con prefijos como:

IN-
SUB-
CON-
SU(B)-
PER-

144

a) **Explica el significado que añaden a la raíz a la que se anteponen.**

b) **Añade algunos ejemplos más a los anteriores.**

c) **Busca y subraya las veces que aparece el verbo *ser* o *estar* en los textos de esta unidad. Infórmate sobre su uso en una gramática.**

V. Curiosidades de la lengua

Averigua el significado de las siguientes palabras. **1**

estancia
distante
regimiento
inmiscuirse
fiar en
tiro del fogón
retirarse a
tambor mayor
incumbir
albur
caldeada
acudir
porra
ceremonia
denomina
rechazar
arresto
manga

A) ¿Conoces el significado de las siguientes expresiones? **2**

Estar en la gloria

Donde Cristo dio las tres voces

Mandar a la porra

Meterse en camisas de once varas

B) Busca el equivalente en tu lengua materna.

3 Comprueba tus explicaciones anteriores leyendo los siguientes textos.

Estar en la gloria

«Estar muy contento y gozoso». En muchos lugares de Castilla y León se denomina *gloria* a una estancia bajo cuyo suelo hueco se hace pasar el tiro de un fogón al efecto, con el fin de que lo caliente. Es la habitación donde se hace la vida en invierno, por ser la más caldeada de la casa. Es costumbre de origen romano, según Julio Caro Baroja.

Mandar a la porra

«Mandar a paseo». Antiguamente, y aún hoy día, en algunos países, al frente de los regimientos marchaba el tambor mayor, con un bastón rematado con un puño de plata, llamado porra. Al acampar, se colocaba en un lugar que era precisamente donde debían cumplirse los arrestos por las faltas leves que los soldados hubieran cometido. Así, mandar a la porra era sinónimo de castigar con un arresto, empleándose para ello la frase «¡Vaya usted a la porra, señor soldado!».

Meterse en camisas de once varas

«Inmiscuirse en lo que no le incumbe o no le importa a uno». En la Edad Media, cuando alguien adoptaba a uno como hijo, lo hacía con una ceremonia en la que el adoptado era introducido por una manga muy ancha que llevaba el adoptante, para luego sacarlo por el cuello de la misma y, dándole un beso en la frente, quedaba como hijo suyo. Como, a veces, el resultado de la adopción no era como hubiesen deseado el adoptante o el adoptado, se acuñó la frase comentada como advertencia de aquellos que fían en cosas cuyo resultado futuro es un albur.

Donde Cristo dio las tres voces

«En un lugar muy distante y extraviado». El dicho se refiere al desierto donde Cristo se retiró a orar y el demonio acudió para tentarlo por tres veces. Las tres voces, o frases, que Cristo pronunció para rechazarle fueron éstas: «No sólo de pan vive el hombre, sino de toda palabra que sale de la boca de Dios», «No tentarás al Señor, tu Dios», y finalmente: «Vete, Satanás, porque escrito está: al Señor, tu Dios, adorarás, y a Él sólo servirás» (Mateo, 4, 1-11; Lucas, 4, 1-13).

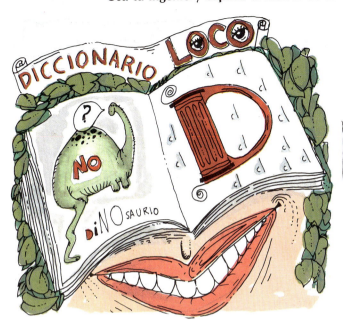

Persona grosera con la lengua en forma de pez.

Ejercicio de baile que realizaban los emperadores de Rusia.

Dícese cuando se pierde el conocimiento en el quinto mes del año.

Juego en grupo.

A)   Un miembro del grupo explica cómo se hace (después de leer el texto explicativo).

LA NORIA

Con la pista que dan los cuatro ejes, encontrar las palabras de tres sílabas (nombres, adjetivos, infinitivos) que se forman en el sentido de las agujas del reloj.

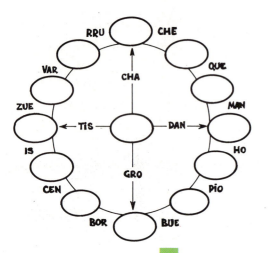

A SALTO DE CABALLO

Cabalgue por esta cuadrícula a paso ajedrez, empezando por la sílaba encerrada en un círculo y terminando en la marcada con un punto. En el camino descubrirá una frase de H. L. Menken.

A	SIN	RA	DO	
HOM	MUN	BU	(SI)	
RA	MUY	VER	DOS.	RE
EL	LOS	SUL	RRI	NO
A	BIE	PA	GÜEN	TA
RA	ZAS	RÍ	HU	DO

B)   Se contrastan las soluciones de cada grupo.

C)   Se escribe para toda la clase el texto-solución definitivo.

6   **Escucha y corrige los errores que adviertas.**

  Aeropuerto Jorje Chaves, Lima. Niebla úmeda del Pacífico, caras blancas, carras criollas, un maletero, un pasaporte y la adbertenzia del policia aduanero, insólita para el recien lleguado: «Cuidado con la coima (el soborno). ¿Me entiemde?» Bueno. Un taxi. El maletero ya lo a amañado todo. Surge un tasista de la eskina. El río Rimac divide a la capital en dos. Junto al Centro, las orilas del rio umean. Son los estercoleros de la ciudaz de seis millones de havitantes.

Consulta el Apéndice gramatical   Pág. 166

I. Una nueva generación

Escucha estos extractos de dos discursos pronunciados por el Rey de España, Don Juan Carlos: Resume en dos frases el mensaje de cada uno de ellos.

1 📼

1.
2.

📼

Escucha y anota: ¿Quiénes son y a qué se dedican los personajes mencionados?

2

NOMBRE	ACTIVIDADES	AFICIONES	DEPORTES FAVORITOS

3 Éstas son las cualidades para hablar en público, según la opinión de dos especialistas en el cuidado de la imagen de cara al público. Escucha sus opiniones. ¿Cuáles, entre las siguientes cualidades, menciona cada uno de ellos?

	A	B
Ordenación lógica del pensamiento		
Presentarse adecuadamente vestido ante el público		
Usar un lenguaje adecuado a la gente		
Decir lo que quiere oír el que te escucha		
Claridad en las ideas y lenguaje usado		
Dar a entender que el público es inteligente		
Tener facilidad de palabra		

II. Nuevos tiempos de la política española

1 Lee lo que escribe un político español y anota brevemente: ¿En qué consiste la democracia «a la española?

Desde hacía más de un siglo, vivíamos en un claro aislamiento político y cultural, con miedo o rechazo a todo lo que venía de fuera, sin asimilar la pérdida del imperio colonial. España estaba enquistada en sus propias fronteras y se cocía en su propia salsa. Este aislamiento produjo largos períodos autoritarios, le dio una fuerza relativa mayor a las posiciones políticas de los extremos y se la quitó a las más templadas, la mayoría más amplia de nuestra sociedad. Con el aislamiento político se correspondía, también, un sistema económico cerrado, hiperproteccionista, y perdimos el tren de la primera y la segunda revolución industrial.

La década democrática ha producido una apertura al mundo sin precedentes, y un cambio sustancial en las reglas de juego del funcionamiento socioeconómico. Se ha roto el aislamiento político y nos integramos en espacios más amplios —Europa y Occidente—, y se pasa de un sistema hiperproteccionista a una eliminación de barreras arancelarias y de controles burocráticos al desarrollo de las actividades económicas, tratando de ganar competitividad interna y externa.

No sólo tiene lugar una intensa dinámica de reconocimiento internacional y apertura al exterior, sino que todo ello se produce mediante una definición de los parámetros en los que se va a jugar España internacionalmente. El factor fundamental de esta definición es el ingreso en las Comunidades Europeas, en un proceso, a su vez, de tímida reforma interna con el desarrollo del Acta Única. A partir, o a través de esta vinculación a Europa, a España se le planteaban también los problemas de inclusión en un sistema de paz y seguridad compartido. Lo hemos resuelto, con las contradicciones que se conocen, mediante la decisión de permanencia en la Alianza Atlántica.

Lee el discurso de un Presidente del Gobierno español de los años 80 y anota los cambios políticos que se han producido últimamente en España.

2

1936-1975: Etapa de Franco

1977-?...: Etapa democrática

Esta configuración de la forma de Estado como Monarquía parlamentaria es una de las bases del acuerdo constitucional, del consenso generalizado entre todos. Forma parte del pacto que hizo posible la Constitución. Me parece que, si no cambian las circunstancias, nadie lo puede romper. Todos tuvimos que ceder en ese pacto, pero todos obtuvimos ventajas de él, y con él contribuimos decisivamente a una transición sin traumas desde el franquismo a la democracia.

La Corona obtenía por la Constitución la legitimidad histórica que el franquismo le negó, y al mismo tiempo, con la aprobación mayoritaria en las Cámaras y en el referéndum, la legitimidad racional; pero se convertía en una figura sin prerrogativas, como el primer órgano del Estado, pero no como uno de los poderes del Estado. Todos los actos que formalmente en la Constitución se expresan como del Rey son realmente imputables a la decisión del Legislativo o del Ejecutivo, o del órgano de gobierno del Poder Judicial.

Con esta configuración constitucional me parece que ha ganado la Monarquía, que ha ganado la democracia y que, en definitiva, hemos ganado todos los ciudadanos españoles.

Ha ganado la Monarquía, contra lo que los aduladores y los cortesanos predecían, porque su falta de implicación directa en la decisión política concreta la ha mantenido al margen de la polémica y de la discusión, y porque lo que ha perdido en «potestas» lo ha ganado en «auctoritas», en prestigio moral. Esta última faceta ha sido posible, y hay que reconocerlo así, por la personalidad y la humanidad de los Reyes, que se comunican bien con la gran mayoría de los ciudadanos.

Ha ganado también la democracia porque la falta de prerrogativas de la Corona concentra la representación de la soberanía en el Parlamento. En los sistemas republicanos, especialmente aquellos en los que el Presidente de la República es elegido por sufragio universal, la soberanía es compartida de hecho entre el Parlamento y el Jefe de Estado, como es el caso francés o portugués. En una Monarquía parlamentaria todas las prerrogativas son del Poder Legislativo, y el Rey, como hemos dicho, es un órgano, pero no un poder del Estado. Es sin duda hoy más puramente parlamentario un sistema monárquico que uno republicano, tal como los hemos descrito aquí.

Éste era un resumen de los programas electorales de tres partidos políticos en las últimas elecciones generales españolas: ¿en qué coinciden y en qué se diferencian o discrepan?

3

	Comunidad Europea	Empleo/Paro
CP	Permanente negociación en el seno de las instituciones comunitarias para defender los intereses españoles. Objetivos concretos: paulatina orientación de la política agrícola común hacia las exigencias del mercado; mayor aportación financiera de la Comunidad al desarrollo regional; incorporación de España al Sistema Monetario Europeo (SME); máxima prudencia a la hora de renunciar al derecho de veto.	Liberalización del mercado de trabajo (aproximación a legislación CEE). Generalización de la contratación temporal y fomento de la contratación a tiempo parcial. Plan urgente de empleo juvenil flexibilizando los costes salariales. Ampliación del sistema de cobertura del desempleo y lucha contra el fraude en el mismo.
CDS	Apoyo al proyecto de Tratado de Unión Europea aprobado por el Parlamento Europeo y a cuantas iniciativas surjan para potenciar los mecanismos europeos de decisión. Para que no fracase la política redistributiva regional de la Comunidad Europea es preciso asegurar la participación solidaria de las comunidades autónomas en el proceso de integración y modernización de España.	Dar prioridad a los contratos indefinidos. Reducción de los costes unitarios de las empresas, pero no de los salarios. Apoyo a *pymes*, autónomos y cooperativas. Flexibilidad de contratación para empresas con menos de 25 trabajadores. Equiparación gradual jornada y edad jubilación a CEE. Descentralización de la lucha contra el paro.
IU	Es necesario que en la próxima legislatura, y mediante las negociaciones que sean necesarias, se modifiquen las consecuencias lesivas para nuestra economía del tratado de adhesión a la Comunidad, que España suscribió en junio de 1985, debiéndose instrumentar un plan de medidas adecuadas para el período transitorio de la integración.	Jornada de 38 horas, para reducirla pronto a 35. Jubilación a los 64 años, para reducirla pronto a los 60. Supresión de horas extraordinarias y pluriempleo. Fomento contratación indefinida y creación de un Servicio Público de Empleo. Incremento de la inversión pública (reduciendo gastos militares y aumentando ingresos fiscales). 50.000 pesetas de salario mínimo y revalorización automática. Ampliar del 30 por 100 al 60 por 100 de los parados el subsidio de desempleo.

III. Los vicios de la democracia

1 Lee el siguiente texto e intenta sustituir las palabras en mayúsculas por otras equivalentes o adecuadas al contexto. Observa que algunas son sinónimos, otras erróneas, algunas incorrectas y unas pocas no se corresponden con el contexto.

Las democracias parlamentarias del mundo se caracterizan por dos rasgos distintivos, entre otros. Primero: los Parlamentos, y POR TANTO los Gobiernos, son elegidos periódicamente por LA GENTE en elecciones libres y competitivas. Segundo, el Parlamento DESARROLLA una tarea legislativa y de control del EJE-

CUTIVO. El esquema es, en teoría y sobre el papel, MUCHO atractivo. Hasta puede parecer perfecto. Pero, entre las muchas CUALIDADES de la democracia —especialmente si la comparamos con el sistema implicado por UNAS dictaduras— también existen algunos contratiempos y alguna que otra enfermedad endémica.

La libertad la EJECUTAN los ciudadanos de un país —«el pueblo», como los políticos AMAN de decir— tanto mejor cuanto más informados están DE el estado de la nación. Mas la realidad viene a confirmarnos que hay ciudadanos que, en vez de SER bien informados, están «desinformados»; y que a esa desinformación o «información controlada» AYUDAN precisamente los partidos políticos. Éstos, en efecto, presentan la realidad INTENTANDO siempre de quedar bien ellos mismos, tratando de poner de relieve sus aciertos y virtudes, pero ocultando sus DEFECTOS y errores. Además, se cuidan muy bien de EXPONER los objetivos que quieren alcanzar en planos suficientemente ALEJADOS de la realidad, para que luego, SI NO cumplirlos o no poder cumplirlos, puedan justificar TAL no cumplimiento. No es fácil salir de este círculo vicioso que origina la PUGNA por el poder con el aparentemente sano fin de «implantar cada grupo su particular manera de concebir la vida, el progreso y el bienestar».

Las relaciones entre Gobierno y Parlamento NUNCA son siempre las ADECUADAS. Una enfermedad endémica PARA las democracias occidentales es que los Gobiernos acaban con frecuencia APODERÁNDOSE a los Parlamentos. Por la sencilla razón de que gobierna el grupo que DISFRUTA la mayoría parlamentaria. En consecuencia, es el Gobierno el que diseña ANTES los programas, las leyes, decide HACIA lo que han de votar o no los parlamentarios que forman su mayoría. En resumidas cuentas, el Gobierno domestica, manipula y utiliza al Parlamento, CON TAL DE ser el Parlamento el que controle al Gobierno. El controlador acaba convirtiéndose, así, en controlado.

Lee el discurso de un diputado en el Parlamento. Luego... **2**

A) Anota, subrayando, las expresiones típicas de introducción e inicio del discurso.

B) Subraya las palabras o frases que sinteticen mejor el mensaje principal.

C) Subraya las expresiones para concluir.

Señoras y señores diputados.
Señor Presidente.

El Gobierno acaba de presentarnos «su» presupuesto anual o resumen de gastos para el ejercicio próximo. Se trata, señoras y señores diputados, una vez más, del cuento de *La lechera y los huevos de oro*: se dice mucho, se promete más, se gasta muchos más, para luego no hacer nada. Ésta es la realidad de los presupuestos presentados al Parlamento.

En el Parlamento, señores del Gobierno, hay personas que piensan y analizan para ver y demostrar las falsas pretensiones y las incoherencias de un proyecto económico que va a afectar a todos los españoles durante todo un año.

De eso no parece darse cuenta el Gobierno, a juzgar por la simpleza de sus planteamientos.

Veamos algunos ejemplos. La inversión pública aumenta en un 8 por 100 respecto al ejercicio anterior. Muy bien. Pero ¿en qué partidas aumenta esta inversión? No en promover la in-

versión privada, las empresas de particulares, la mediana empresa, que son realmente las que crean empleo. No, las mayores partidas del aumento van precisamente a subsanar las pérdidas de las empresas públicas, esas empresas tan bien conocidas de los españoles, como RENFE, y un sinfín de las gestionadas por el INI, empresas que arrastran un déficit siempre en aumento; empresas que siguen prestando servicios deficientes y gastando mucho más de lo que deberían gastar porque su gestión es desastrosa. Luego, ¿dónde está la inversión? ¿Dónde la creación de puestos de trabajo? ¿Para qué servirá aumentar la inversión? Para tapar «agujeros», para tapar la desastrosa e ineficaz gestión de las cosas públicas.

Siempre se han distinguido los Gobiernos que se autodenominan «progresistas» por su especial cuidado de los servicios que afectan a todos los españoles en lo que es más esencial para la vida del hombre: educación, sanidad, pensiones para la vejez. Otro dato revelador: la media del presupuesto crece, respecto al año anterior, en un 5 por 100. Pues bien, estos tres servicios juntos crecen un 4,5 por 100, medio punto por debajo de la media. Pero esto no basta: campos como el de la defensa crecen un 9 por 100, inversiones públicas un 6 por 100. (¡Y qué inversiones, como dije antes!) Presidencia del Gobierno un 11 por 100... ¿Dónde están las prioridades, señoras y señores diputados? ¿Dónde? La respuesta está bien clara: allí donde el Gobierno tiene algo que ocultar, allí donde el Gobierno tiene algo que acallar. Pero no allí donde el Gobierno tiene la obligación, el deber moral de actuar. Éstos son los presupuestos, señoras y señores, que este Parlamento no debe aceptar.

3 **Lee atentamente el discurso anterior y analiza estas frases.**

*El Gobierno **acaba de presentarnos** su presupuesto anual…*
*… de un proyecto económico que **va a afectar** a todos los españoles.*

Ambas frases podrían haberse formulado así:

*El Gobierno **nos ha presentado** su presupuesto anual (hace unas horas…)*
*… de un proyecto económico que **afectará** a todos los españoles.*

EXPLICA cuál es la diferencia entre ambas formulaciones.

Busca más ejemplos similares en este texto o en algún otro de esta unidad.

En grupos: **Intentad dar una explicación general que sea válida para otros casos similares y acompañarla de ejemplos elaborados por vosotros.**

IV. El futuro del futuro

¿Cómo se ha despertado el mundo esta mañana? Observa estas imágenes de agencia y escribe un guión para contar lo que sugieren o implican alguna de ellas.

1

2 Lee el siguiente informe. Con las ideas esenciales elabora un comunicado breve para la prensa.

Desde hace algún tiempo, la privatización es objeto de gran atención. Algunos trabajos, como la limpieza de edificios o la recogida de basuras, que anteriormente eran realizados por organismos públicos, están ahora confiados a empresas privadas. Esto puede reducir su costo y permitir al Estado retirarse de algunas parcelas en las que los organismos privados pueden hacerlo tan bien o mejor. Desde el punto de vista de la receptividad, hay que hacer una clara distinción entre:

— La privatización total: el cliente entra en una relación contractual con un proveedor. El Estado puede incluso prestar una ayuda directa al cliente y el proveedor puede estar sometido a una reglamentación. El proveedor (por ejemplo, un dentista en un régimen público de seguro de enfermedad) puede convertirse entonces en un intermediario económicamente interesado en la relación entre el cliente y la Administración, incluso encargarse de algunas formalidades administrativas de verificar e informar, aunque, como agente del sector privado, es también un cliente de la Administración.

— La privatización parcial: el Estado conserva frente al cliente la responsabilidad de la oferta de un servicio, aunque subcontratando la producción. El cliente puede entonces entrar en relación con los contratados (por ejemplo, el basurero que pasa por su casa). La Administración puede encontrar dificultades para dominar la calidad de relaciones que se establecen entre el cliente y el personal de la empresa contratada —sobre todo si los contratos que rigen el trabajo del subsidiario y de su personal dan más importancia a la productividad que a ciertos parámetros que indican la calidad del servicio ofrecido al cliente—. Sin embargo, el cliente puede considerar que la responsable de la calidad del servicio es la Administración y que es a ella a quien hay que dirigir las reclamaciones.

3 Éstos son algunos párrafos de un discurso que se ha perdido. Reconstrúyelo y ponlo en orden. Luego grábalo en clase o en casa y escucha tu propia lectura del texto.

Alcanzaremos nuestra meta. Lo conseguiremos, camaradas, lo conseguiremos. ¡Arriba la revolución! ¡Acabemos con la agresión del débil!

Camaradas:
Nuestra cita anual nos ha congregado a todos para celebrar el aniversario de nuestra revolución. Un año más ha transcurrido en favor de la causa que dio origen a aquellos días gloriosos.

Los que antes sufrían persecución y opresión, hoy día son libres. Quienes apenas si tenían pan que llevarse a la boca, hoy ya no pasan hambre. Los esclavos de los poderosos han podido romper las cadenas de la opresión.

Ni os dejéis engañar por quienes os tientan desde fuera. ¿Recordáis lo que era este país hace sólo 40 años? Mirad en qué nos hemos convertido ahora. Antes pasábamos hambre, mandaban sobre nosotros. Ahora enviamos hombres a la Luna y mandamos sobre el mundo. ¡Camaradas, pronto habremos conquistado el mundo! ¡El mundo será nuestro! ¡El hombre será, finalmente, libre!

... es duro, como es duro todo aquello que vale. No debemos desanimarnos ante las dificultades de cada día, ni siquiera ante las colas, camaradas, que todos tenemos que hacer para realizar nuestras compras. ¡Más vale hacer cola que padecer la injusticia! ¡Más vale soportar colas que nadar en la abundancia y en el lujo de tiendas repletas... Repletas de corrupción e injusticia!

V.   Un discurso imaginario

En grupos. **Leed los siguientes titulares y utilizad las ideas que os interesen o preciséis para elaborar el guión de un discurso sobre un tema del futuro. Redactad vuestra intervención.**

Nombrad a un representante del grupo para exponer vuestro discurso a la clase. El discurso no debe leerse: el portavoz de cada grupo solamente podrá valerse de apuntes.

Grabad la intervención de vuestro grupo y comparadla con las de otros grupos.

Encarnizada lucha contra los asesinos de ideas. Los asesinos de ideas se apresuran a matar las nuevas sugerencias argumentando que son inviables.

Los ex líderes políticos apoyan a las antiguas instituciones que les dieron prestigio, dinero y poder.

157

Satélites, computadoras, terminales a domicilio y televisión interactiva son las herramientas de trabajo de las organizaciones de la nueva era.

Acuerdos seguros y estables: las minorías negocian, cooperan y forman relaciones no permanentes.

Votaciones confortables y «a la carta»: Nueva ley para regular las votaciones electrónicas y las discusiones entre vecinos de un municipio desde sus propios hogares.

«Si cedo en mi postura sobre la fecundación artificial, abandonará usted su postura sobre el rearme militar»: Una nueva manera de plantear las consultas populares.

Ha sido creado un «Banco Mundial Alimentario» que garantizará las reservas de alimentos para todos los habitantes del planeta Tierra.

BANCO MUNDIAL ALIMENTARIO

Apéndice gramatical

Nota: En este Apéndice gramatical se recogen algunos temas de gramática que inciden en los objetivos comunicativos de **Antena 3.** No debe entenderse, sin embargo, que se agotan las implicaciones gramaticales que cada Unidad puede ofrecer y ofrece. En este sentido, el profesor o alumnos tienen la posibilidad de complementar sus dudas consultando cualquier manual de gramática.

Lo recogido aquí trata solamente de cubrir, de manera sistemática y ordenada, aspectos de gramática avanzada del español con mayor incidencia en el núcleo comunicativo de cada lección y siempre teniendo en cuenta que la gramática más fundamental del español ya es suficientemente conocida por el estudiante de un nivel avanzado.

Unidad 1

1 Algunos tipos de verbos, especialmente los que implican «exhortación» pueden ir seguidos de una oración subordinada introducida por **que:**

a) Los verbos que expresan voluntad, deseo, intención, opinión han de ir seguidos de **que** siempre que el sujeto de ambas oraciones sea distinto:

*Pancho cree **que** hay que volver a inventar el concepto de fiesta.*
*... desean **que** les den más libertad.*
*Declaran **que** el lenguaje escrito pronto se degradará...*

b) Tratándose de verbos que implican la idea de «voluntad, deseo o intención», si el sujeto de ambas oraciones es el mismo, entonces en vez de una oración con **que,** sigue un infinitivo:

Desean (ellos) tener más libertad.

c) Nótese que el verbo de la oración subordinada puede darse en cualquier tiempo:

*Pancho cree que **hay** que volver a inventar la fiesta.*
*Pancho creía que **había** que volver a inventar...*
*Pancho había creído que **había** que volver a inventar la fiesta.*
Etc.

2 **Lo**, como forma neutra, puede tener varias funciones. Una de ellas es indicar el valor «colectivo» o «global» de aquello a lo que hace referencia.
En esta función va seguido de adjetivo:

... es lo mejor de la vida (conjunto de «mejor» dentro de lo que pueda ofrecer la vida).
*Mi intención es divertirme **lo** más posible.*

También puede tener función sustantiva e ir seguido de adjetivo o de «de» (+ sustantivo, adverbio...):

*Hay que desarrollar **lo** lúdico y **lo** afectivo.*
*Una educación integral sería **lo** ideal.*
***Lo** de después no me importa.*

La partícula **lo** puede ir también precedida de preposición:

*No sabe nada **de lo** que dijiste.*

3 «Ojalá» va seguido de subjuntivo (presente o imperfecto) ya que su uso implica la no realización de la acción:

Ojalá fuera así.
Ojalá sea así.

No varía la forma del verbo incluso si la frase es negativa:

*Ojalá **no** fuera/sea así.*

Unidad 2

1 La transmisión de noticias utiliza con frecuencia el recurso a la narración impersonal. Sin lugar a duda, la forma más utilizada en español para eludir la referencia a la persona que realiza la acción verbal es:

***Se** + verbo:* «Se dice que el gobierno ha liberado a diecisiete presos.

También son habituales otros recursos, como se especifica en la Unidad 3. (Véase el Apéndice gramatical de esta Unidad).

2 Es esencial en la narración periodística el contar lo que otros dicen o han dicho:

*Dice/Informan/Comentan... **que** + verbo.*

El tiempo verbal de la oración subordinada viene requerido por el utilizado en la principal. Las combinaciones son múltiples:

***Dice que** entregarán a los prisioneros.*
            han entregado a los prisioneros.
            entregan a los prisioneros el mes que viene
            Etc.

***Dijo que** habían entregado a los prisioneros.*
            entregarían a los prisioneros.
            entregasen a los prisioneros.
            Etc.

El verbo principal supone algunas restricciones, fundamentalmente porque el tiempo a que se hace referencia en la oración principal exige una correlación temporal lógica: si se parte del presente, puede hacerse referencia al pasado o al futuro con facilidad. Pero si se parte del indefinido, la referencia temporal de la oración subordinada debe hacerse precisamente desde ese indefinido, con el matiz aspectual de «acción terminada en el pasado».

La frase de **I.1:** «*El embajador… afirmó ayer que la entrega de los detenidos es "una medida que fortalece…"* es menos esperable que esta otra:

«*El embajador afirmó ayer que… era una medida que fortalecía…*».

Sin embargo, el uso de los tiempos verbales depende en buena parte del punto de vista que adopta el hablante; por esa razón existe gran flexibilidad y el tema es difícilmente reducible a reglas.

3 Como recursos en la narración informativa, son habituales también registros como:

Según informa…
De acuerdo con *informaciones de…*

O, aunque en menor medida, la pasiva:

*Una mujer y otros dos civiles **fueron muertos** ayer…*

4 La referencia al pasado es normal en la narración.

Recuérdese que el español ofrece tres matices de importancia para referirse a una acción ocurrida:
● Uso del indefinido: acción acabada en el pasado y no relevante ni conectada con el presente de quien habla.
● Uso del imperfecto: referencia a una acción pasada pero que se realiza o *dura* en ese pasado, sin fijación de límites temporales.
● Uso del perfecto: la acción ha ocurrido en el pasado pero está asociada de alguna manera al presente o así la presenta quien habla.

Ejemplos:

*El embajador **entregó** ayer a los embajadores… a 17 personas…* (Referencia a una acción pasada y acabada en ese pasado mencionado.)

*… pero el gobierno **ha respondido** que ésta no se produciría…* (Referencia a una acción ya acabada pero con incidencia en el presente en que se relata el hecho.)

*… mi abuelo **tenía** una casa aquí, al lado…* (Referencia a un hecho en el pasado, pero sin especificar límites temporales por parte del hablante.)

5 Nótese el uso de «poder» para expresar *posibilidad o probabilidad*:

*… el testimonio **pudo** haber sido inteligentemente…* (= … es posible que fuera/haya sido inteligentemente…).

Puede *que la familia no fuese…* (= es posible que la familia no fuese…).

Unidad 3

1 El español utiliza varios recursos para expresar acciones sin hacer referencia expresa a la persona que las ejecuta:

a) **Se** + **verbo:** *Donde sólo **se** puede viajar en vehículos…*

Este valor de **se** no debe confundirse con el de reflexividad:

*¿Quién puede resistir**se** a respirar el aire de la serranía…?*

ni con el valor equivalente a la pasiva:

*Empezó a construir**se** a finales del siglo VIII…* (= empezó a ser construida…). Aunque en este caso también puede interpretarse como impersonal: *se empezó a construir a finales de…*

Generalmente, si el valor del **se** es impersonal, el verbo que sigue está en singular:

… sólo se puede viajar y no ● *Sólo se puede**n** viajar.*

Si el valor de **se** + **verbo** equivale a una oración pasiva, entonces el verbo adoptará el número del sujeto que lo rige:

Se empezaron a construir (= las casas, etc.) *a finales del siglo VIII.*

*En las ampliaciones de Abderramán II **se embellece** el templo* (o **se embellecieron** *los techos,* etc.).

La prueba de la pluralización o no del verbo queda patente en frases de uso dubitativo en el hablar cotidiano:

Se alquila bicicletas (valor impersonal).

Se alquilan bicicletas (función pasiva: *Son alquiladas…*).

b) Otras maneras de expresar impersonalidad:

b.1) Anteponiendo «uno»:
Uno dice que no es verdad, pero no se lo cree.

b.2) Uso de la 2.ª persona singular:
Tú puedes decirlo, pero nadie te hace caso.

b.3) Uso de la 3.ª persona del plural:
Desde el siglo XI abundan noticias sobre fundaciones piadosas…

b.4) Uso de generalizadores como «la gente», «todos», etc.
La gente no sabe lo que dice.

2 La forma **aunque** introduce oraciones concesivas, al igual que **si** inicia oraciones condicionales. En ambos casos el verbo que sigue puede aparecer con formas de indicativo o subjuntivo:

● Uso del subjuntivo:
Siempre que la acción expresada no se presenta como real o realizada:

*Aunque **abunde** toda clase de animales...*
*Si **visitara** Doñana... sería posible que...*

- Uso del indicativo:
Si la acción se presenta como realizada y experimentada:

*Aunque **abunda** toda clase de animales... (= es un hecho comprobado).*
Si visita Doñana... es posible que... (= la acción se da por cierta o posible en el futuro).

Función similar al **aunque** tienen también **por más que, a pesar de que, aun cuando:**

Por más que abunda/abunde el agua...
A pesar de que abunda/abunde el agua...
Aun cuando abunda/abunde el agua...

3 Algunos monosílabos llevan o no acento gráfico según la función o valor que desempeñan. Así:

Mi: lleva acento si es pronombre *(A mí me lo dijeron).*
Mas: lleva acento, excepto si equivale a «pero» (conjunción adversativa):
   Dos más tres...
   Lo comenta, mas no es verdad.
Solo: La norma es ambigua. En general suele escribirse con acento siempre que equivale a «solamente» y sin acento en caso contrario:
   ... el arquitecto catalán sólo llevó a efecto...
   Llegó solo, sin acompañantes.

Unidad 4

La formulación de hipótesis se vale con frecuencia de afirmaciones que se realizarán en tiempo futuro. Si esas oraciones son compuestas, podemos hablar de oraciones temporales.

1 Las oraciones que expresan tiempo son frecuentemente introducidas por **cuando**. Al igual que ocurre con las concesivas y condicionales, pueden seguir las formas de indicativo o subjuntivo del verbo. Ello depende de cómo el hablante quiera transmitir el mensaje:

- como algo que se ha realizado, se realiza o suele ocurrir regularmente:
Indicativo:
*(Me duele) cuando me **agacho** y **hago** algún esfuerzo.*

- como algo no experimentado ni realizado, a pesar de que se dé como posible:
Subjuntivo:
*Cuando **pase** usted diez días en cama, se sentirá mejor.*

Es necesario prestar atención a la correlación de los tiempos verbales utilizados en la oración subordinada y en la principal: una acción realizada es una acción constatada y utilizará el tiempo presente en

la acción principal, mientras que una acción no realizada exigirá el futuro:
*Cuando me agacho, me **duele.***
*Cuando pase usted diez días..., **se sentirá** mejor.*

Otras partículas utilizadas para introducir oraciones temporales:
Después de que, una vez que, siempre que, en cuanto.
Todas ellas se comportan como **cuando**.
Antes de que se usa siempre con subjuntivo, ya que su uso implica hacer referencia a una acción no realizada ni experimentada:
Antes de que se restringiera el uso del tabaco...

2 La formulación de hipótesis se hace a veces con verbos de opinión: **creo/no creo, opino que;** con adverbios como **probablemente;** mediante el cumplimiento de condiciones establecidas *(sí...,* Gerundio *(Aumentado).*
- Recuérdese que los verbos de opinión en frases afirmativas y en indicativo exigirán también indicativo en el verbo de la subordinada:
***Creo/opino** que (no) conviene/es conveniente/será conveniente/sería conveniente...*

Pero si el verbo va precedido de la negación **no,** entonces el tiempo de la oración subordinada deberá ir en forma de subjuntivo, nunca en futuro:
***No** creo que **sea** conveniente. Pero no ● * No creo que **será** conveniente.*

3 ***Ir a** + infinitivo:*
Obsérvese que esta perífrasis expresa una acción futura, con el matiz de inmediatez en ese futuro previsible. La equivalencia más próxima es, pues, su posible sustitución por el verbo en forma de futuro:
*La lucha... **va a ser** (será) más amplia...*

Nótese que el significado original y primero de **ir** (= desplazarse a otro lugar) se pierde en esta perífrasis.

4 Recuérdese que:

- se debe escribir **m** y no **n** siempre que siga una **b** o **p**, en el interior de la palabra:
comprobar, ambos. Pero *convocar* (aunque la pronunciación sea siempre [m] en todos los casos).

- la **u** debe llevar diéresis si
   - forma sílaba con la **g**,
   - va seguida de **e** o **i** y
   - se pronuncia.

Lingüística, desagüe. Pero *guerra, lengua,* etc.

Unidad 5

1 En la redacción de un informe, aparte de otros problemas gramaticales o lingüísticos, es importante que quien escribe sea capaz de utilizar con fluidez los tiempos verbales exigidos en cada una de las oraciones que componen las frases subordinadas. El tema ya se ha mencionado parcialmente en las unidades anteriores (1, 2, 3 y 4) y conviene revisar una vez más lo allí tratado.

Recuérdese que el punto de vista del que parte el hablante es la clave para el uso de tiempos verbales, teniendo en cuenta que los tiempos del indicativo se usan para hacer referencia a lo real, experimentado; el subjuntivo es propio de lo que todavía se considera como no real (lejano, no experimentado, etc.) y el potencial se reserva para expresar posibilidad. Véanse estos ejemplos:

a) *Este bebé de ficción **podría haber sido** asiático* (posibilidad).

b) *Todo **apuntaba** a que **hubiese sido** chino o indio* (irreal: no lo fue).

c) *El bebé… **llegó** a este mundo…* (hecho constatado).

d) *Lo más probable **es** que el niño… **sea** un pobre toda la vida* (hipótesis no confirmada).

e) *Si **quieres** trabajar, **encuentras** un empleo* (constatación de un hecho).

f) *Pero mientras **paguen** sus comunicaciones…* (hipótesis deseable/realizable en el futuro).

Téngase en cuenta que el uso de un determinado tiempo en la oración principal conlleva necesariamente el uso de otro tiempo determinado en la subordinada (véase d), e) y f).

2 **Que** puede desempeñar una de las dos funciones siguientes:

● como *conjunción,* para unir oraciones:
*Algunos piensan **que** la nueva ley…*
*Miedo a **que** aumenten los estafadores.*

● como *relativo,* precedido o no de preposiciones:
*Los 3.125 km. **que** separan a México de Estados Unidos.*
*El tren en **que** viajaban…*
*En lo **que** tampoco piensan todavía es en los nuevos patronos.*

Nota: **qué** (con acento gráfico) desempeña función de interrogativo o exclamativo:
¿Qué dices?
No sé qué quieres.
¡Qué barbaridad!

Unidad 6

1 Las oraciones construidas con **para que** (que expresan finalidad) o con **sin que** exigen siempre el tiempo subjuntivo.
En el primer caso (finalidad), porque la acción se presenta como no realizada o experimentada por el

hablante y en relación con el punto de partida temporal señalado en la oración principal:
*Fueron necesarios cuatro días de tensión… **para que** el presidente y el secretario **llegaran** a un acuerdo* («llegar a un acuerdo» es posterior a los cuatro días de tensión).

***Para que** las fuerzas armadas **se convirtieran** en custodio, se formuló la doctrina de la seguridad nacional.*

Nota: las partículas **a fin de que, de modo que, a que** introducen también oraciones «finales».

En el segundo caso, porque la acción expresada por la subordinada no está aún (ni se considera) realizada cuando se lleva a cabo la significada por la principal:
*Ha comenzado en Uruguay una campaña de recogida de firmas… **sin que** el gobierno **haya hecho** nada para corregir lo anterior.*

2 **Siempre y cuando** equivale, como expresión de unión entre oraciones, al establecimiento de una condición:
*El ministro del Interior explicó que la violación de prisioneras en cuarteles merecía la amnistía **siempre y cuando** se haya hecho para amedrentarlas* (= **si** se ha hecho para…).

3 Perífrasis verbales con infinitivo:

a) *Volver a + infinitivo:* expresa el matiz de reiteración *(de nuevo, otra vez): ¿Volverán a empezar los argentinos?* (= ¿empezarán una vez más…?).

b) *Llegar a + infinitivo:* señala que una acción ha sido ya acabada, por fin: *Se llegaba así a convertir en ley el propio interés…*

Unidad 7

1 La narración, requerida para desenvolverse dentro del núcleo comunicativo de «contar historias», se fundamenta en un buen uso de la correlación de tiempos en el relato, además de en la riqueza léxica que permite expresar con precisión el pensamiento.
En este sentido, conviene revisar todo lo dicho sobre el tema de la correlación de tiempos en las Unidades anteriores (especialmente en la 4, 5 y 6).
En el relato de esta Unidad predominan especialmente las oraciones temporales:
Cuando volvieron… les dijo que eran unos cobardes.
Cuando salimos de viaje, solemos dejarla en casa.
Después de estar viviendo con él…, la muchacha tuvo un hijo.
Cada vez que te encuentres en un apuro, sacas la oreja y la muerdes.
Etc.

Oraciones modales, construidas con **como**:

Como me vuelvas a apagar la lumbre, te mato. Y oyó un estrépito de cañas... **como** si se arrastrase un cuerpo pesado.

Oraciones comparativas con **tan... que:**
... pero era **tan** hondo **que** sólo vieron la oscuridad.

Oraciones de relativo:
El oso, **que** nunca dejaba salir de la cueva ni a la madre ni al hijo...
La madre regresó al pueblo con su hijo, **que** se llamaba Juan.
... y un caballo volador con el **que** pudo llegar al palacio...

Nótese que la partícula de relativo **que** es invariable, sea el antecedente masculino, femenino, singular o plural, etc.

Adviértase que son válidos los criterios apuntados en Unidades anteriores en lo que se refiere al uso del indicativo o el subjuntivo.

2   **Se** tiene, además de su función para expresar impersonalidad (véase la Unidad 3), valor reflexivo:
El osado marinero **se** guiará por el diario de Colón.
Todos los pasajeros **se** lanzaron al agua.
Personas sin trabajo **se** trasladaban a este país...

Por ser reflexiva esta forma:
● es también extensible a otras personas, siendo ésta una prueba para detectar precisamente el carácter reflexivo de **se:**
Tú **te** guías por el diario de Colón...
Yo **me** traslado a este país...

● El sujeto es también objeto o agente y paciente al mismo tiempo:
Todos los pasajeros **se** lanzaron al agua: el **se** actúa como objeto de «lanzaron» y como «paciente» de la acción.

● Algunos verbos que se construyen con el reflexivo no admiten otro objeto directo:
Sería incorrecto ● * Se lanzaron sus cuerpos al agua. Pero no Se cosieron la camisa. Se quemaron la mano, etc.

Unidad 8

1   Obsérvense estas oraciones:
Necesito comprar un PC.
Necesito que el PC **sea** potente y **disponga de...**

Al hacerse negativa la oración, el verbo de la subordinada sigue sometido a ciertas exigencias en el uso del tiempo verbal:
No necesito comprar.
No necesito que el PC **sea...**
Necesito que el PC **no sea...**

2   La narración descriptiva tal cual suele aparecer en la transcripción propagandística de útiles, máqui-

nas, etc., abunda en el uso de la 3.ª persona. De esa manera se mantiene en un estilo «neutral», próximo a lo que podría denominarse «impersonal» en el sentido de que el narrador describe los hechos objetivamente e intenta permanecer al margen de la descripción ofrecida.

Además, es frecuente que las oraciones utilizadas en la descripción sean sintácticamente «incompletas», por razones de sencillez y simplificación. La omisión del verbo es uno de los recursos más frecuentes, siempre que éste sea fácilmente deducible por el lector:
INTEL 80286, trabajando con una frecuencia de reloj de 12 Mhz.
Arquitectura de 16 bits con bus de direccionamiento de 24 líneas...

3   La anteposición de prefijos a las palabras es un recurso frecuente para formar nuevos términos. He aquí el significado de los mencionados en la Unidad.

mono-: uno.
micro-: pequeño.
semi-: medio, mitad.
ciclo-: rueda.
hidro-: agua.
peri-: alrededor.
pre-: antes, anticipación, antelación en el tiempo.
re-: repetición o intensificación de algo.
in-: valor negativo de lo que sigue.
ex-: fuera, más allá de cierto espacio, que aquello a que se refiere ya ha dejado de ser lo que era.
inter-: con participación de varios sujetos o entidades.
di-: acción contraria.
a-: privación de aquello a que se refiere lo que sigue.

Unidad 9

1   En los textos de carácter científico abundan las afirmaciones, las dudas sobre lo que se plantea y las reservas en torno a las hipótesis realizadas.

Las dudas suelen expresarse mediante el uso de adverbios «de duda», como **quizás, tal vez, acaso.** Si los adverbios preceden al verbo, éste puede ir seguido del indicativo o subjuntivo, según el grado de seguridad que manifieste el hablante respecto a la acción:
Quizás la característica más espectacular... **es** su posibilidad de aprender (= alto grado de seguridad).
Quizás la característica más espectacular **sea** su posibilidad... (menor grado de seguridad).
Quizás el hombre **tendrá** que vivir en el espacio (= alta probabilidad de que ocurra lo afirmado).

A lo mejor, sin embargo, siempre va seguida de indicativo, a pesar del grado de probabilidad que implica:

A lo mejor no es verdad que las islas flotantes lleguen a existir.

Las «reservas» respecto a lo que se afirma pueden ir introducidas por **aunque.** También en este caso las oraciones subordinadas introducidas por esta partícula pueden ir en subjuntivo o indicativo:
● en subjuntivo: si la dificultad o reserva expresada sobre la realización de la acción de la oración principal se presenta como posible:
*Los sistemas informáticos, **aunque puedan** ser muy complejos e interactivos, siempre se han determinado…*

● en indicativo: si se hace mención de una dificultad que se opone a la realización de la acción significada por la oración principal:
*Los sistemas informáticos, **aunque pueden** ser muy complejos e interactivos, siempre se han determinado…*
***Aunque** los soviéticos no **han indicado** la duración de la estancia de Romanenko, la magnitud y características… hacen pensar a los observadores…*

En el caso de las oraciones introducidas con **aunque** se da una correlación de tiempos en las oraciones principal y subordinada que se atienen al siguiente esquema básico:

a) Oración principal: presente o futuro de indicativo.
Oración subordinada: en indicativo presente.
***Aunque** lleva cuatro motores, no llega/llegará a Marte.*

b) Oración principal: imperfecto de indicativo o indefinido.
O. subordinada: imperfecto.
***Aunque** llevaba cuatro motores, no llegaba/llegó a Marte.*

c) Oración principal: futuro.
O. subordinada: futuro.
***Aunque** estará cuatro días en órbita, no llegará a Marte.*

d) Oración principal: futuro.
O. subordinada: presente de subjuntivo.
***Aunque** investigue, no recibirá el premio.*

e) Oración principal: condicional.
O. subordinada: imperfecto de subjuntivo.
***Aunque** investigara, no le darían el premio.*

2 Muchas palabras se forman añadiendo a la raíz una terminación o sufijo, que añade un determinado matiz o significado. A este grupo pertenecen:

● **oso**: lleno de, con: *juicioso.*
● **al**: relativo a: *judicial.*
● **ico**: en relación con: *científico.*
● **or**: que realiza la acción a que hace referencia la raíz: *lector.*

● **ada**: acción de, conjunto de: *tirada.*
● **ario**: relación con: *funcionario.*
● **ado**: dignidad o título: *condado.*
● **iento**: con: *somnoliento* (= con sueño).
● **il**: en relación con: *varonil.*
● **miento**: estado, acción de: *aburrimiento.*
● **ria**: lugar: *carnicería.*
● **dor**: que sirve de instrumento o realiza la acción: *educador.*
● **cia**: abstracción de lo significado por la raíz: *eficacia.*

Nota: Consúltese una gramática en relación con los numerosos cambios ortográficos que se dan al añadir ciertos sufijos a la raíz para formar nuevas palabras.

Unidad 10

1 Es preciso tener en cuenta que en muchas ocasiones el uso del tiempo verbal adecuado está condicionado por partículas o palabras que implican ya por sí mismas una fijación temporal predeterminada o que están insertas en un contexto igualmente definido. Así ocurre con términos como **hoy, ayer, dentro de dos años,** etc.:
***Dentro de dos años** volverá a cantar para ti.*
***Ayer** llegó tarde.*

O con partículas como **apenas:**
***Apenas** lo hubo cogido…* (en pasado inmediato).
***Apenas** lo coge, desaparece* (narración de hechos pasados en presente).
***Apenas** lo diga, desaparecerá* (se predice lo que ocurrirá en una determinada situación, pero haciendo referencia a una acción no realizada todavía).

O con **sin que** (siempre seguida de subjuntivo):
*… **sin que** te cortara yo!*
*¡**Sin que** yo te diera un beso…*

O con expresiones iniciales introducidas por **que,** o reduplicativas (siempre con subjuntivo):
***Que cante** o no, carece de importancia.*
***Que cante que no cante,** ya tiene la fama asegurada.*

2 Obsérvese:
Como sin acento gráfico puede expresar:
● comparación: *En noches **como** ésta…*
● modo o manera: ***Como** para acercarla, mi mirada la busca…*
***Como** antes de mis besos…*
● valor condicional (= **si**): ***Como** no te corrijas, no te darán el trabajo en la empresa.*

Cómo, con acento gráfico, tiene los siguientes valores:
● modo o manera: ***Cómo** no haber amado sus grandes ojos…*
● causa o motivo: *¡**Cómo** no me lo dijiste antes!*

Mismo funciona como:
- adjetivo: *La **misma** noche que hace blanquear.*
- pronombre: *... los de entonces, ya no somos los **mismos**.*
- adverbio: *La noche **misma** sugiere ese pensar...* (en este caso siempre se coloca detrás del sustantivo al que acompaña).

Tan es una forma apocopada de **tanto.** Desempeña varias funciones:
- como adjetivo, puede expresar «muchos/mucho»:
*La besé **tantas** veces...*
*Es **tan** corto el amor...*
- como adjetivo o adverbio es un elemento de comparación en correlación con **como** o **que:**
*La quiere **tanto que** no puede olvidarla.*
*La quiere **tanto como** tú.*

3 Reglas de acentuación gráfica:
Se acentúan:

a) Palabras agudas (con el acento tónico en la última sílaba): todas las que acaban en vocal, **n** o **s:**
llegó, inglés, afán.

b) Palabras llanas (con el acento tónico en la segunda sílaba a partir de la final): todas las que acaben en consonante, excepto si es **n** o **s:**
cáncer, árbol.
Pero: *llano, llanos...*

c) Palabras esdrújulas o sobreesdrújulas (con el acento tónico en la tercera o cuarta sílaba a partir de la última): todas estas palabras se acentúan gráficamente:
águilas, acercárselas.

Nota: Consúltese una gramática para las excepciones a estas reglas o los casos especiales de monosílabos, exclamaciones, etc.

Unidad 11

1 El recurso a la «impersonalidad semántica» es frecuente en la narración fundamentada en datos proporcionados por terceros, en los informes, reportajes, etc. (ver Unidad 3. Apéndice gramatical).
Además de lo señalado ya sobre la construcción de oraciones impersonales, obsérvese:

- Se utilizan varias formas o recursos lingüísticos para eludir mencionar el sujeto real de la acción. En estos casos se da un sujeto gramatical, pero existe lo que podría denominarse «impersonalidad semántica»:
La inmensa mayoría *de las personas reconoce que la mujer....*
(Los hombres) *dicen que la culpable es la sociedad...*

- La forma pasiva es otro recurso, aunque menos frecuente, por ser estilísticamente menos ágil y apreciada:
*Las diversas profesiones **son consideradas** tan apropiadas para un hombre como para una mujer.*

- Perífrasis durativas como «seguir + verbo»:
Según la última encuesta mensual, en España sigue habiendo discriminación.

- Uso de tiempos verbales, como el condicional, en 3.ª persona:
Cabría pensar que si se acepta mayoritariamente...

- Uso del verbo en 3.ª persona del plural:
Vienen aquí y aprovechan para divertirse. Luego se quejan.

- Formas propias de la expresión de obligación:
Hay que hacer lo que dicen los maridos.

- Uso de la segunda persona del singular:
Pero si tú dices en un grupo de hombres que la directora es una mujer...

2 En los anuncios publicitarios es frecuente leer:
Se buscan vendedores...(1).
Se busca vendedores... (2).

En el primer caso existe concordancia entre el verbo y «vendedores», pero no en el segundo de los casos. Las implicaciones de una u otra opción se cifran en que (1) puede transformarse en pasiva (impersonal pasiva: *Son buscados vendedores),* mientras que (2) no es transformable en pasiva: se utiliza con valor estrictamente impersonal. Esta variante es más usada en Hispanoamérica, mientras que la anterior se observa más en el uso de la Península.

3 El lenguaje de la publicidad abunda en frases estereotipadas, cortas y frecuentemente apocopadas con el fin de ahorrar espacio. Algo similar se da en la confección de encuestas, por razones similares. No son raras las incorrecciones sintácticas, como se advierte en el anuncio publicitario **«secretaria-recepcionista»:** «Si reúne estos requisitos **enviar** currículum...», en vez de «envíe...».

Unidad 12

1 Tiene especial incidencia en el aprendizaje del español, especialmente en un nivel avanzado, conocer el régimen preposicional propio de verbos, adjetivos e incluso algunos sustantivos. Como consulta puntual en cada caso, recomendamos el uso del *Gran diccionario de la lengua española,* publicado por SGEL, el cual incluye un apartado especial (RPr) en las voces que lo requieren. Como guía general, adviértase que existen dos tipos de régimen preposicional:

- aquellas palabras que cambian o matizan profundamente el significado original al unirse a la preposición que «las rige»:
*Estoy **por** los viajes en avión* (= me gustan/prefiero los viajes en avión).
*... podían contar **con** vivir 80 años...* (= podían esperar vivir...).

- las que exigen ir seguidas de una determinada preposición, aunque ello no implique cambio de significado. Conocer estos mecanismos facilita el uso correcto y adecuado de la lengua:

... renunciar **a** la soberanía.
... bondadoso **de** carácter.
... sus esfuerzos se centrarán **en** dos frentes...
... acabar **con** los controles europeos.
... se sienta **en** su escaño.
... decididas **a** estar unidas.

2 *Nota:* Los valores de las preposiciones son excesivamente variados y complejos para incluirlos en este Apéndice. Aconsejamos recurrir a una *Grámatica del español* (por ej.: *Gramática práctica de español para extranjeros*, SGEL, pág. 157 y ss. o mejor, *Gramática básica del Español. Norma y uso.* SGEL, 1989), para el estudio más detallado de las preposiciones, teniendo en cuenta que algunos significados (de lugar, tiempo...) pueden ser expresados mediante varias preposiciones, según los contextos y matices.

3 Los elementos más frecuentes utilizados para comparar frases son **tan(to)** y **como**:
Tanto para estabilizar la explosión demográfica **como** para preservar...

Pero conviene recordar que son varios más los recursos propios de la comparación, según sea ésta
● para establecer igualdad entre dos frases: **tal... cual** (cualidad) o **tanto... como** (cantidad):
*Come **tanto cuanto** le dan.*
*Lo hace **tal cual** lo dice.*

O, simplemente, **como** (más propio del lenguaje literario o culto):
***Como** el cuerpo necesita alimento, así el alma necesita la gracia...*
● para establecer desigualdad: **más/menos... que:**
Las tendencias eran menos obvias de lo que suponía.

Unidad 13

1 La diferenciación establecida por los verbos **ser** y **estar** constituye una de las dificultades más notorias en el uso del español.
Nótese que el uso no apropiado de uno de los verbos en cuestión no suele provocar incomprensión o ruptura de la comunicación; pero sí refleja la falta de perfección en el dominio de la lengua.

Las reglas que rigen el uso de **ser** o **estar** son complejas y dependen en gran medida del matiz que el hablante quiera dar a su mensaje. Téngase en cuenta que los hablantes nativos, no obstante, llegan a utilizar una u otra forma, con los matices apropiados, de manera prácticamente mecánica y ciertamente sin ser conscientes de por qué usan uno u otro verbo.
Por razones prácticas, conviene distinguir entre:
a) **Formas o estructuras que exigen el uso de *ser*:**
● **Es** posible/probable/conveniente... **que.**
● El caso **es que** Europa acepta la patata...
● Formas pasivas: **Es** amado/querido...
b) **Funciones significativas**
b.1) **que se valen de *ser*:**
● para identificar: *Esto **es** reciente.*
● para clasificar: *Esto **es** una patata.*

● para expresar finalidad: *La patata es para la alimentación humana.*
● para expresar posesión, materia, origen, precio, edad: ***Es** de un país americano. **Es** de México. **Son** patatas de 50 pesetas kilo. **Es** un joven de 16 años.*

● Para localizar en el tiempo o espacio: ***Es** primavera. La cita **es** en la plaza.*

b.2) **que se valen de *estar*:**
● para expresar la función o profesión de una persona: ***Está** de maestro en el pueblo.*
● para definir o caracterizar por el modo de expresar el estado en que algo/alguien se encuentra:
***Está** en mangas de camisa.*
*El agua **está** buena.*
● para localizar en el tiempo o en el espacio:
***Estamos** ya en Navidad.*
***Está** a cuatro kilómetros de aquí.*

Junto con estos usos que definen el uso de **ser** y **estar** en general, existen algunas expresiones idiomáticas que es necesario aprender específicamente:

*   **es** *bueno* (bondadoso de carácter).
    está *bueno* (de salud, de cuerpo).

    es *malo* (de carácter).
    está *malo* (enfermo, mal de salud).

    es *verde* (de color verde).
    está *verde* (algo se ha tornado verde, alguien no sabe nada sobre un tema).

    es *negro* (de color).
    está *negro* (está harto, enfadado con alguien o por algo)
    Etc.

2 **Valor de algunos prefijos que intervien en la formación de palabras:**

in-: negación, oposición: *inmoral, invalidar.*
Nótese que **in-** se convierte en **im-** delante de **p/b**; en **i-** delante de vocal o **l** y en **ir-** delante de otra **r**: *impedir, ilógico, irrepetible.*

sub-: inferioridad (en orden): *subdesarrollado.*
Nota: Puede presentarse también como **su-** o **so-**: *suburbio, someter.*

con-: unión, participación o interacción de varios: *concurrencia, competir.* Delante de **p/b** tenemos **com-**.

per-: a través de: *perdurar, pervive.*

des-: carencia, privado de: *desestabilizar.*

3 **cualquier,** como adjetivo, permanece invariable en la forma, ante masculino o femenino.
cualquier hombre/enfoque...
cualquier mujer.

algun/a puede preceder o seguir al sustantivo que califica:
No recibimos ayuda alguna.
Hemos recibido alguna ayuda.

Pero nótese que si sigue al sustantivo, equivale a una negación: *No hemos recibido ayuda alguna = no hemos recibido ninguna ayuda.*

como si equivale a una oración modal y va seguido siempre de subjuntivo:
*... aparece una sonrisa irónica, **como si** la pobreza, el atraso, fueran totalmente incompatibles con esas instituciones...*

Apéndice de textos
(grabados o que no figuran completos en su correspondiente unidad)

Unidad 1

II.2 *a)* Escucha estas opiniones.

«Yo lo que quiero es no desperdiciar mi juventud. No quiero ni pensar en el futuro. Me da miedo. Mi única intención es divertirme lo más posible de los 15 a los 23 años, que es lo mejor de la vida. Lo de después no me importa.»

«Si yo supiera que puede hacerse algo sería el primero en estar manifestándome en la calle. Pero sé que no se puede hacer nada.»

«¡Ojalá no fuera así! Me parece horrible. Pero, por otra parte, entiendo que es algo muy humano… Un chico sin dinero, sin futuro, al que le van las cosas mal y que de repente se siente un héroe porque lleva una navaja y se hace el chulo…»

«Es maravilloso ser "punk": es una contestación a la sociedad en todo, desde la manera de vestirte al modo de comportarte. Yo tuve que aprender a escupir por entre los dientes, cosa que me costó muchísimo. Es vivir la cultura de la calle…»

II.2 *b)* —¿Cuáles cree que son las causas de la crisis de los jóvenes de hoy?
—La primera causa está relacionada con la realidad de nuestros tiempos: la sociedad está afectada por una crisis económica que repercute especialmente en los jóvenes. El crecimiento del empleo ha sido constante, mientras el número de jóvenes se ha incrementado en la misma proporción.
Otra causa es «estructural»: se ha producido un cambio en el paso de joven a adulto. Hace veinte o treinta años, esa transición seguía unas reglas o pautas determinadas, que todos conocían y aceptaban. Ahora ya no es así: aquellas pautas no son válidas ni aceptadas; pero no se han creado otras nuevas. Hay, por lo tanto, gran desconcierto social y un no saber qué hacer que durará todavía mucho tiempo.
—¿Está de acuerdo con quienes dicen que las protestas juveniles se deben a los ciclos generacionales?
—Yo no creo en los ciclos. No pienso que exista una juventud más moderada o adaptada, alternando con otra más rebelde. Y aunque esto fuese así, ello no explicaría lo que está ocurriendo hoy ni daría luz sobre cuáles son las causas de la protesta.
—Esta protesta, ¿tiene alguna motivación política?
—No. Para mí sólo existe la razón social. Es independiente de los orígenes políticos de los movimientos de otras épocas. Es más, para los sociólogos, el hecho de que la selectividad para ingresar en la universidad sea uno de los puntos básicos de la rebeldía nos muestra que los jóvenes se sienten bloqueados e impedidos en su camino para formar parte de la sociedad. Es la primera puerta que se les cierra en su camino hacia el ser adultos.

III.4 ☐ La escala de valores ha cambiado mucho.

☐ Los buenos modales son cada vez más apreciados entre los jóvenes.

☐ La prensa es objeto de poco aprecio.

☐ Es notable la resistencia de los jóvenes ante la autoridad formal.

☐ Aumenta la adscripción a grupos, clubs de fútbol, etc.

III.5 *a)* En mis tiempos la lucha era combatir contra la dictadura. Lo pasamos mal. Yo estuve cinco años en el exilio. Hoy la protesta es distinta, porque el descontento es global.

b) Los estudiantes luchamos por algo justo. Pero existen algunas organizaciones, como los sindicatos, que en vez de presentar soluciones prácticas, gustan de la demagogia y proponen huelgas indefinidas.

c) Todo esto está mal. Es un desastre. La sociedad está corrompida. Pero no podemos hacer nada. Manifestarse, hacer huelgas… todo es inútil.

V.6 Solución *(no grabado)*.

Dédalo
«Las obras de arte se dividen en dos categorías: las que me gustan y las que no me gustan. No conozco ningún otro criterio.»

Unidad 2

I.1 Nicaragua es, una vez más, noticia. Hoy *en *favor *de la paz. El vicecanciller nicaragüense entregó ayer a los embajadores de los *países centroamericanos a 17 personas *acusadas de desarrollar actividades contrarrevolucionarias. Los prisioneros, —ocho hondureños, dos costarricenses, cinco salvadoreños, un guatemalteco y un *panameño— habían sido indultados el martes por el parlamento. El embajador de Costa Rica en Managua *afirmó ayer que la entrega de los detenidos es «una *medida que fortalece las opciones democráticas y muestra la voluntad del gobierno *en *busca de la distensión».

La liberación de los prisioneros centroamericanos *se *hizo efectiva un día después de que el gobierno de Managua *invitara oficialmente a los 11 partidos de la oposición legal a un diálogo nacional que se *iniciará el próximo 5 de octubre.

Muchos de los detenidos estaban encarcelados desde hace cinco años y todos ellos habían sido *capturados por el ejército nicaragüense en enfrentamientos armados *contra *grupos antisandinistas. El proyecto de indulto de los 17 prisioneros había sido anunciado *a *primeros de septiembre por el presidente de Nicaragua, Daniel Ortega. La oposición *había solicitado también la liberación de los prisioneros de la *contra,* pero el gobierno *ha *respondido que ésta no se produciría hasta que no *acabara la guerra.

II.1

a) Un barco de gran tonelaje y de nacionalidad española ha sufrido un accidente al atravesar el canal de Panamá. A consecuencia del mismo, la navegación por el canal ha quedado interrumpida durante cuatro horas.

b) El ejército nicaragüense ha desarrollado una fuerte acción de limpieza en las zonas selváticas cercanas a Costa Rica. Las fuerzas de la *contra* tuvieron que retirarse. En la acción murieron varias personas.

c) Ha sido alcanzado un acuerdo entre el gobierno y una de las unidades guerrilleras que operaba cerca de San Salvador. Los guerrilleros entregaron sus armas y fueron dejados en libertad.

d) La producción de caña de azúcar ha aumentado en un 20 por 100 en la presente campaña, según el ministro de Agricultura de la nación cubana. En los últimos tres años, la zafra de azúcar había experimentado notables descensos.

IV.3

La abuela dijo (Carmen Requene, 60 años):
—Yo fui la que recogió los cuerpos para prepararlos y ponerlos en la camioneta donde tuvimos que componerlos.
—Eso es basura podrida. Ellos iban por el camino hacia la carretera. No entiendo esas declaraciones de un vehículo armado. Iban a por provisiones para la tienda campesina que hemos organizado. Iban a alquilar una camioneta en Juigalpa para traérselas. Los contras estaban en el camino que va de la granja a la carretera, esperándolos fríamente, emboscados.
—Nadie de la embajada habló con la familia. Con los únicos que hablamos fue con la comisión de derechos humanos.
—Efraín y Bernarda iban armados.
—Si ellos dicen que no hay inocentes en una guerra de guerrillas es porque ellos atacan a los civiles y no los objetivos militares. Los contras ya nos habían quemado la casa y las cosechas. No es una guerra contra los militares, sino contra nosotros.
—Apuntaron a Raquel con una pistola y le dijeron «vamos a matarte», pero una mujer que era la jefa del grupo escuchó el grito de Raquel y dijo «dejad que se vaya la niña». La niña lo vio todo, pero cuando le llegó su hora la dejaron ir.

—No seáis cobardes; sed lo suficientemente hombres para decir la verdad. Soy una vieja campesina y nunca he dicho una mentira. No voy a mentir durante el resto de mi vida. Jesús murió por la verdad y eso haremos nosotros. La embajada niega la verdad, y oculta lo que ellos hacen.»

Unidad 3

I.2

Encuestador: ¿A dónde piensa ir de vacaciones este año?

Encuestado: ¿De vacaciones? ¿Está usted bromeando?

Enc.: Se trata de una entrevista. No es una broma.

E.: ¿De vacaciones con mi sueldo? ¿Usted cree que se puede hacer vacaciones con 75.000 pesetas al mes?

Enc.: Pero bueno, algunos días libres le dará su empresa.

E.: Sí, claro. Todo un mes.

Enc.: ¿Y no va usted a ningún sitio?

E.: Sí, a mi pueblo. Si ésas son vacaciones…

Enc.: ¿Irá usted en coche, tren o avión?

E.: Menos andando, de cualquier manera. En coche… si no se estropea antes…

Enc.: ¿Puedo preguntarle cuántos días estará usted de… vacaciones?

E.: Tres semanas. Y otra semana para ir, volver y descansar un poco antes de empezar a trabajar.

Enc.: Y si pudiera elegir usted el lugar de vacaciones, ¿a dónde iría?

E.: Si tuviese dinero y pudiese elegir, a Méjico.

Enc.: ¿Por qué Méjico?

E.: Porque mi padre nació allí. ¡Y los mejicanos me caen simpáticos! ¡Y a mí me gusta! ¡Qué caramba!

Enc.: Y si pudiese usted elegir algo más, ¿iría a la playa, a la montaña o al interior?

E.: Yo a mi pueblo, al interior. La playa no me gusta. Hay demasiada gente y demasiada arena. Me gustan las llanuras, sin montañas.

I.5 **La canción del verano**

La playa estaba desierta
el mar bañaba tu piel
cantando con mi guitarra
para ti María Isabel

Coge tu sombrero y póntelo
vamos a la playa calienta el sol

Chiribiribi po po pom pom
chiribiribi po po pom pom
chiribiribi po po pom pom
chiribiribi po po pom pom

En la arena escribí tu nombre
y luego yo lo borré
para que nadie pisara
tu nombre María Isabel

Coge tu sombrero y ponteló
vamos a la playa calienta el sol

Chiribiribi po po pom pom
chiribiribi po po pom pom
chiribiribi po po pom pom
chiribiribi po po pom pom

Luis Moreno Salguero

II.2 **Todavía quedan muchos lugares para satisfacer el paladar de turistas «escrupulosos».** Cruzar los rectos caminos de La Mancha, con horizontes sin límite, con paisajes en los que todavía resuena la voz de Don Quijote y Sancho Panza; hospedarse en sus poblachones de recio carácter, de adobe encalado en blanco, todo esto puede aún proporcionar al visitante vivencias no sólo agradables, sino también inolvidables.

Son pueblos de nombre sonoro, conocidos por todo el mundo: El Toboso, Argamasilla, Puerto Lápice, Esquivias…; **pueblos que habrían continuado su monótona existencia sin que nadie hubiera reparado en ellos;** pueblos que habrían existido sin pena ni gloria, a no ser porque Cervantes los convirtió en protagonistas de su obra maestra. Pero no en vano estos lugares despertaron el genio literario y excitaron la imaginación de un gran hombre de letras; todavía siguen suscitando el encanto y el asombro de todos cuantos los visitan.

El paisaje castellano-manchego reproduce en sus perfiles la dualidad de Don Quijote y Sancho: de una parte presentan un marcado contraste entre sus extensas llanuras y el relieve de las montañas que las rodean; de otra, una cadena montañosa de importancia, los montes de Toledo, atraviesan la gran llanura central rompiendo en dos el territorio. Llanura y montaña se entrelazan entre sí, **constituyen un todo inseparable, un conjunto en que las dos partes se complementan** y se convierten en extremos de una misma realidad geográfica: el viajero puede embriagarse de llanuras infinitas o perderse entre pinares y rincones apenas pisados por el hombre y alejados de la «civilización». **Todo depende de los gustos de quienes se desplazan por estos lugares privilegiados de la naturaleza.**

Aunque conocidas universalmente, estas tierras son todavía ignoradas por el turismo de masas. Pero es más: aunque fueran visitadas con mayor frecuencia, la dificultad para acceder a muchos de sus lugares impediría la masificación de los visitantes. ¿Cuántos se decidirían a caminar unos pocos cientos de metros para dar con la *Cueva de Montesinos,* donde Don Quijote pasó un largo retiro? ¿Cuántos se atreverían a seguir el curso ascendente de las *Lagunas de Ruidera* (más de 30 kilómetros ininterrumpidos de lagunas naturales) para contemplarlas? **¿Quiénes renunciarían a las comodidades de hoteles de cinco estrellas para pernoctar en un humilde hostal?** Es un inolvidable paisaje en el que 15 lagunas se suceden unas a otras, remontándose, encabalgadas, hacia cotas más altas, **en escalera ascendente y antinatural,** a contracorriente del na-

ciente río Guadiana. Más abajo, las *Tablas de Daimiel,* una de las reservas ecológicas más importantes de España, recogen parte de las aguas filtradas de estas lagunas **(mientras los trabajos artificiales de los hombres no lo impidan).** Toda suerte de aves acuáticas anidan periódicamente en este lugar, haciendo las delicias de una excursión ecologista.

II.5 Nada ha cambiado desde que en el siglo XVI los conquistadores tuvieron que irse en busca de otra cosa: son los mismos pedregales, los mismos encinares, las mismas llanuras sedientas a veces de agua, cotos privados de caza, ciudades en otro tiempo amuralladas por los moros para defenderse de los ataques castellanos.

Hoy se cobijan bajo las murallas las duras casonas nobles: escudos de armas, portalones, muros de piedra. De estas tierras salieron la mitad de los conquistadores de América. Se empieza en Cáceres, ciudad monumental, con fachadas nobles y palacios antiguos. Luego, por una carretera que discurre entre cotos privados de caza, se llega a Trujillo. También Trujillo es ciudad de conquista y conquistadores, con palacios renacentistas edificados a costa de las riquezas traídas del Nuevo Mundo. Es una ciudad partida en dos: la de quienes se quedaron y la de quienes volvieron con el triunfo de la conquista. En la plaza destaca la estatua de Francisco Pizarro y su caballo, armados hasta los dientes.

Cuando volvían de América, los conquistadores iban a Guadalupe, a 78 kilómetros de Trujillo, a dar las gracias a la Virgen por los beneficios recibidos o a curarse en el famoso hospital de Bubas, al lado del monasterio.

Viniendo de Trujillo se pasa por Zorita y Logrosán, y en Cañamón se para uno a comer tacos de jamón, con el vino de la región, turbio y fuerte. Guadalupe fue el santuario nacional de España hasta que los Borbones lo sustituyeron por el Pilar de Zaragoza. El monasterio es inmenso, de estilo gótico y mudéjar, con claustros de naranjos y azulejos. La comida era abundante, como demuestran los bodegones: sopa de pan y patatas cocida en sartén con agua, aceite, pimentón y sal. Cabrito. Caldereta. Con razón se decía en otros tiempos:

«Mejor que conde o duque,
fraile de Guadalupe».

II.6 *a)* En la ruta mencionada, son famosos los trabajos de calderería.
b) En Trujillo hay una buena alfarería local.
c) Un palacio adornado con los bustos de Pizarro y sus mujeres incas.
d) Grandes palacios, con presuntuosos balcones.
e) Poco puede uno comprar en el camino, pero todo es fuerte y resistente.
f) No predomina el bullicio y la fiesta, en estas tierras robustas, pobres y serias.
g) Y entre Trujillo y Cáceres, las amplias tierras de viñedo del castillo de Montánchez.

III.1 Roca, aire, sol, agua y la mano del hombre se en-

169

cargaron de dibujar un paisaje de ensueño. ¿Quién puede resistirse a respirar el aire de la serranía de Ronda o a contemplar la esbeltez y profundidad de sus relieves?

La ciudad de Ronda era ya famosa en tiempo de los romanos: por allí pasaba la Vía Romana y era considerada como una ciudad de gran valor estratégico. Allí se asentaron más tarde los árabes, que hicieron de la ciudad un centro importante en el siglo XIV. Filósofos, poetas y escritores, musulmanes y judíos, convivieron en esta villa serrana. Con la conquista por los cristianos, reyes de Castilla y León, Ronda siguió siendo importante y aun más bella. El profundo «tajo» abierto por la constancia del río Guadalevín es una de las vistas más impresionantes.

2. Son 20 kilómetros cuadrados de masas rocosas. Mas puestas y labradas de tal manera que el caminante no puede sino sentirse admirado frente a la labor de la naturaleza. Durante siglos y siglos la nieve, la lluvia, el viento, el calor, el frío y las aguas subterráneas han configurado un paisaje de moles caprichosas: aquí un cocodrilo, allí tres hongos, más allá un barco, al otro lado un mar de piedra... El hombre nunca habría esculpido piezas tan grandiosas. Sólo el azar de la naturaleza ha hecho que surjan figuras tan caprichosas.

3. La mezquita es una obra única en su género. Representa de manera casi exclusiva el arte de los califas durante su estancia en España. Empezó a construirse a mediados del siglo VIII, por orden de Abderramán I, pero sólo se finalizó en el siglo X, tras varias ampliaciones.

La mezquita fue construida en el lugar en que antes se levantaba una catedral visigótica. En la construcción se aprovecharon muchos materiales del edificio existente. En las ampliaciones de Abderramán II y Alhaquén II se embellece el templo, destacando sobre todo el fastuoso Mihrab, con una bellísima cúpula y valiosísimos mosaicos regalados por el emperador Constantino VII.

III.4 Doñana es un parque nacional situado en la desembocadura del río Guadalquivir. Todo es vida en Doñana: muchas aves utilizan este espacio, con *abundante agua, cañas y matorrales, en sus viajes migratorios hacia las tierras *cálidas del sur. Aunque abunda toda clase de animales, sólo unos pocos constituyen la fauna de la zona: jabalíes, conejos, ciervos, patos, águilas... Es un lugar *abierto, prácticamente sin carreteras, donde sólo se puede viajar en vehículos todo terreno.

Además de los muchos animales que la habitan, Doñana es notable también por sus *espectaculares dunas, formadas por arena *blanca y *finísima; dunas que avanzan empujadas por los vientos que vienen de la costa. Si visita Doñana dos veces consecutivas, es posible que el paisaje haya variado parcialmente: el relieve es *cambiante, hasta que los pinos sujetan las arenas y fijan su avance. Duramente pagan los pinos este *arduo trabajo: las arenas se amontonan a su alrededor y acaban ahogándolos. Doñana es un trozo *salvaje de naturaleza en el *último extremo de Europa, un espacio donde la vida rezuma por doquier.

Unidad 4

I.1 Médico ▷ Paciente ▶

▷ Buenos días. Pues usted dirá.

▶ Buenos días. Pues mire usted, nada importante. Tengo un dolor que me empieza en la espalda y a veces me llega hasta la rodilla.

▷ ¿Muy a menudo?

▶ No. Solamente cuando me agacho y hago algún esfuerzo.

▷ ¿Es un dolor suave, fuerte...?

▶ No es casi nada. Sólo que de vez en cuando apenas si me puedo poner derecho.

▷ Ah... Ya. Y ¿desde cuándo tiene usted ese dolor?

▶ Pues hace ya varios meses que...

▷ Varios meses... ¿Y lo notó usted de repente?

▶ Pues ahora que usted lo dice, sí, lo noté de repente.

▷ ¿Recuerda usted si fue después de hacer usted un esfuerzo, un trabajo brusco...?

▶ ¡Claro! ¡Es verdad! Estaba tratando de levantar un saco de 60 kilos.

▷ ¿Tiene usted alguna otra molestia?

▶ Pues no. Solamente el pie derecho: me duele un poco cuando ando. A veces tengo que pararme porque no puedo moverlo.

▷ ¿Cuándo le empezó ese dolor?

▶ Pues hace unas semanas que me caí por la escalera y...

▷ Ya, ya. ¿Alguna otra cosa?

▶ No, no. Espere. Sí. El cuello, apenas si puede girar la cabeza hacia la derecha.

▷ Y también hace algunas semanas que lo tiene.

▶ Creo que sí.

▷ ¿Recuerda cómo lo notó por primera vez?

▶ Pues sí. Fue un día cuando estuve varias horas agachado, sin poder moverme por el dolor de espalda y luego porque tampoco podía mover el pie derecho y...

▷ Entiendo. Entiendo. Extiéndase usted en esta camilla, por favor.

I.4 *El médico:* Se curará usted en muy pocos días.
Ciertamente no se *ha descubierto* nada eficaz contra la enfermedad.
Cuando pase usted diez días en cama, *se sentirá* mejor.

La enfermera: Si *guardas* cama y no te mueves, podrás salir antes.
Cuando hayas ganado dos kilos, podrás *tomar* algo sólido.
Tomando esta medicina cada día, pronto te *restablecerás*.

El científico: Dentro de mil años la Tierra no podrá *soportar* el exceso de anhídrido carbónico.
En el futuro el trabajo duro lo *realizarán* los robots.
Las posibilidades de la energía de rayos láser *harán* que la cirugía del futuro no se parezca casi en nada a la actual.

III.2 Atajar esta **enfermedad** es especialmente difícil en África, **a causa de** la miseria, la escasa **ayuda** estatal y la falta **de** infraestructura. Para **combatir** el SIDA la OMS prevé gastar casi 200.000 millones **de pesetas** en ayuda a las naciones **subdesarrolladas**. Pero un **experto** afirma que será necesario **el doble** de esta cifra para cubrir las **necesidades** de las naciones en desarrollo. «No **nos hagamos** ilusiones —añade este experto—, la lucha contra el SIDA **va** a ser más amplia, más **compleja** y va a suponer más dificultades que la **lucha** contra la viruela.»

V.3
▷ ¿Se puede afirmar que existe relación entre el cáncer y el empleo de plaguicidas en la agricultura?
▶ No sólo se pude afirmar. Tenemos la certeza absoluta de que el empleo de plaguicidas entraña riesgos para la salud y no sólo existe riesgo para la salud en general, sino que algunas de estas sustancias son agentes productores de determinados tipos de cáncer.
▷ ¿Cómo valora usted el riesgo del agricultor de contraer un cáncer a causa de su trabajo?
▶ El riesgo no sólo lo corre el agricultor que utiliza los plaguicidas. Estas sustancias quedan sobre la superficie de las plantas y pueden ser ingeridas por cualquier persona que consuma esa fruta o verdura sin haberla lavado antes. La carne también puede ser vehículo de pequeñas cantidades de plaguicidas si el ganado fue alimentado con forrajes tratados con plaguicidas sin las suficientes precauciones. También el agua de bebida se puede contaminar si la lluvia arrastra los restos de plaguicidas hasta los manantiales.

Unidad 5

II.4
● A la gente no se le enseña a disfrutar de la vida. Se les enseña a gastar en cosas que le divierten, que es muy distinto. Parece que sin gastar dinero es imposible divertirse. A eso lo llaman ocio.

● La juventud siempre es generosa. Me entristece ver la superficialidad con que algunos tratan su vida, y aún más a aquellos que por falta de medios están sumergidos en la oscuridad de la delincuencia. Pero, ¿qué ideal propone el sistema a los jóvenes? Propone mitos baratos y superficiales.

● La tecnología podría ayudar mucho más al hombre. Pero ese tiempo que regala la técnica lo roban la lentitud y mala planificación de los transportes, los compromisos sociales y la adicción comercial y el consumo en marabunta de espectáculos superficiales.

● Yo creo que España es un país del tercer mundo, porque es un país dependiente. Me honro muchísimo en ser tercermundista porque veo el primer y segundo mundo y prefiero ser el tercero. Porque es

más verdad que los otros dos, es más humano, será pobre, pero más, infinitamente más humano. Estoy orgulloso de decirlo: soy tercermundista.

II.5
1. La tierra para quien la trabaja.
2. En Aceuchal, provincia de Badajoz, hay por lo menos 800 personas en el paro agrario. Éste es un pueblo con poca tierra; sólo hay dos épocas para poder echar un jornal: la vendimia y la aceituna. Y entre las dos no se llega al mes de trabajo.
3. El que se queja es porque quiere. Si quieres trabajar y trabajas bien, encuentras un empleo y ganas dinero. Los parados son muchos o vagos o ineptos o vividores a cuenta de quienes trabajan.
4. En el pueblo lo malo es que no pasa nada. Los jóvenes, ya ve usted, a aburrirnos y dar vueltas. Sin dinero y sin ganas. De casarse, nada. Porque casarse es más difícil que lavarse los pies en una botella.
5. Yo he invertido ya 500 millones de pesetas en esta fábrica. La he traído a mi pueblo, al lugar donde nací, para crear riqueza aquí. Además, aquí hay mucha gente con ganas de tener un trabajo fijo. Y los salarios son más bajos que en la capital.

IV.5
1. En 1973 se celebraron en España más de 250.000 matrimonios.
2. ¿Son actuales estas estadísticas?
3. En 1985 sólo 54 mujeres de cada mil eran viudas, en Cataluña.
4. Europa, ¿acaso camina hacia la despoblación?
5. ¿Que no aumentan los nacimientos?
6. Las relaciones dentro de la pareja son la causa de la disminución en el número de hijos.
7. ¿Se atrevería a decir que la familia tradicional está en declive?

Unidad 6

I.2 y 3 La situación política y social de Perú se vuelve *cada día más violenta. Fueron necesarios cuatro días de tensión y disparos *al aire para que el presidente García y el secretario general del APRA *llegaran a un acuerdo y a promesas no conocidas para que la policía *pusiese fin a la sublevación. No es la primera vez que se *ha roto la disciplina de los guardias peruanos. El 5 de febrero de 1975 la ciudad de Lima *quedó totalmente desprotegida y a merced del saqueo y pillaje porque la policía se *declaró en huelga. Los muertos *fueron entonces más de 100. Ahora el ejército *ha tenido que salir a la calle para conservar el orden y la paz, a la vez que *protegía los edificios oficiales. Pero los militares también *andan revueltos: no está clara la situación de los militares *detenidos tras el asalto a los penales el año pasado. Por si no *fuera bastante, los precios suben, la inflación *aumenta y algunos artículos escasean en las tiendas y en el mercado.

II.4 El dirigente del Partido Mejicano de los Trabajadores (PMT) piensa que la capacidad de soporte del pueblo no es infinita. El líder cita a un presidente que decía: «En México no hay revoluciones cuando el campesino tiene maíz». «Pues el campesino —añade— empieza a no tener ya maíz. Por eso a la pregunta de cuándo puede producirse una explosión social, yo respondería que pronto». En lo que todos coinciden es en señalar la ausencia de alternativa frente a un sistema de ejercer el poder que dura ya más de medio siglo.

IV.2 Pastan los ganados.
Frente al golfo de México.
En Pinar del Río están las más importantes fábricas de tabaco.
Pero en la piel de ese cocodrilo crecen los bosques.
Que todavía son el hábitat del campesino.
Entiéndase cigarros puros.

Unidad 7

I.3 *a)* D. Peck, ex coronel del ejército de los Estados Unidos, de 69 años de edad, partió el martes pasado desde Palos de la Frontera para conmemorar el viaje que Colón realizó hace 500 años.

b) Se trataba de un viaje más de los muchos que realizaban hacia Puerto Rico: personas sin trabajo se trasladan a este país para ganar su vida. Mediante el pago de cierto dinero, eran transportados ilegalmente en barcos y lanchas a veces poco fiables. Éste era el caso del «Victoria». Cuando estaban a poca distancia de la costa, explotó uno de los motores.

c) Aquello fue una tragedia. «Jamás he sentido tanto miedo y tanta angustia», decía una de las supervivientes. Más de 100 personas desaparecieron bajo las aguas. Sólo unas pocas pudieron salvarse de los tiburones.

II.2 Hace ya mucho tiempo vivía en un pueblo una muchacha que se dedicaba a cuidar vacas. Un día se le perdió una y se puso a buscarla por todas partes; sin darse cuenta llegó a un mon-
5 te que estaba muy lejos. Allí le salió un oso, la cogió y se la llevó a su cueva. Después de estar viviendo con él algún tiempo, la muchacha tuvo un hijo. El oso, que nunca dejaba salir de la cueva ni a la madre ni al hijo, les traía
10 de comer todos los días, teniendo que quitar y poner una gran piedra con la que tapaba la entrada de la cueva.

Pero el niño fue creciendo y haciéndose cada vez más fuerte. Un día, cuando ya tenía doce
15 años, levantó la enorme piedra con sus brazos

y la quitó de la entrada, para poder escaparse con su madre. Cuando ya salían de la cueva, apareció el oso. Entonces el muchacho cogió otra vez la piedra, se la arrojó al animal y lo
20 mató.

La madre regresó al pueblo con su hijo, que se llamaba Juan. Lo puso en la escuela, pero Juan andaba todo el día peleándose con los demás muchachos, los maltrataba y hasta se en-
25 frentó con el maestro. Por fin le dijeron a la madre que tenía que quitarlo de allí, y el muchacho dijo que quería irse del pueblo. Pidió que le hicieran una porra de siete arrobas y así fue. Era tan pesada, que tuvieron que traérsela
30 de la herrería entre cuatro mulas. Pero él la cogió como si nada y se marchó.

Por el camino Juan se encontró con un hombre que estaba arrancando pinos y le dijo:
—¿Tú quién eres?
35 —Yo soy Arrancapinos. ¿Y tú?
—Yo soy Juan el Oso, que voy con esta porra por el mundo y hago lo que quiero. Dime, ¿cuánto te pagan por arrancar pinos?
—Siete reales —contestó Arrancapinos.
40 —Bueno, pues yo te pago ocho.
Y se fueron los dos juntos. Un poco más adelante vieron a un hombre que estaba allanando montes con el culo. Juan el Oso le preguntó:
45 —¿Tú quién eres?
—Yo soy el Allanamontes. ¿Y vosotros?
—Yo, Juan el Oso. Y éste es Arrancapinos. Dime, ¿cuánto te pagan al día?
—Ocho reales —contestó Allanamontes.
50 —Bueno, pues yo te pago nueve.
Y se fueron los tres juntos camino adelante. Cuando llegó la noche, Juan y Arrancapinos se echaron al monte a buscar comida y dejaron a Allanamontes haciendo la lumbre. Pero cada
55 vez que la prendía se acercaba un duende y se la apagaba. Allanamontes le dijo:
—Como me vuelvas a apagar la lumbre, te mato.
—¡Hombre, qué bien! —contestó el duen-
60 de—. ¿No sabes tú que ésta es mi casa? Entonces cogió una cachiporra y le dio a Allanamontes una buena paliza, se ensució en todos los cacharros de la comida y desapareció.

II.4 Hace ya mucho tiempo vivía en un pueblo una muchacha que se dedicaba a cuidar vacas. Un día se le perdió una y se puso a buscarla por todas partes; sin darse cuenta llegó a un mon-
5 te que estaba muy lejos. Allí le salió un oso, la cogió y se la llevó a su cueva. Después de estar viviendo con él algún tiempo, la muchacha tuvo un hijo. El oso, que nunca dejaba salir de la cueva ni a la madre ni al hijo, les traía
10 de comer todos los días, teniendo que quitar y poner una gran piedra con la que tapaba la entrada de la cueva.

Pero el niño fue creciendo y haciéndose cada vez más fuerte. Un día, cuando ya tenía doce
15 años, levantó la enorme piedra con sus brazos

y la quitó de la entrada, para poder escaparse con su madre. Cuando ya salían de la cueva, apareció el oso. Entonces el muchacho cogió otra vez la piedra, se la arrojó al animal y lo mató.

III.4

65 De pronto se abrió una de las puertas y apareció una muchacha. Juan le preguntó que quién era y ella le contestó:

—Soy una princesa y estoy aquí encantada por un gigante desde que un día me atreví a tocar 70 un manzano que había en el jardín del palacio y al que mi padre me tenía prohibido acercarme. Fue entonces cuando se abrió la tierra y me tragó. Ahora tú tampoco podrás salir de aquí.

—Eso ya lo veremos —contestó Juan el Oso.

IV.2

Y no había acabado de decirlo cuando salió por la puerta un toro bravo, que se fue furioso hacia él. Pero Juan levantó su porra de siete arrobas y de un solo golpe en la cabeza lo mató. Luego se abrió otra puerta y salió una serpiente. Juan el Oso le dio un golpe en la cabeza y la mató también. Por último se abrió la tercera puerta y apareció el gigante, gritando: «¡A carne humana me huele! ¡A carne humana me huele! ¡Desgraciado! ¿Cómo te atreves a entrar en mi casa?»
Los dos se pusieron a pelear, pero Juan acertó a darle al gigante un cachiporrazo tan fuerte, que lo dejó tendido en el suelo.
Cuando la princesa se vio libre, le entregó a Juan una sortija que llevaba. Juan le amarró la soga por la cintura y tocó la campanilla para que los otros la subieran. Así lo hicieron, pero, cuando la princesa ya estaba arriba, Arrancapinos y Allanamontes no volvieron a echar la soga y se llevaron a la princesa.

IV.5

Cuando se cansó de tocar la campanilla, Juan el Oso se dio cuenta de que lo habían abandonado y estuvo muchas horas dando vueltas por la cueva sin poder salir. De pronto se acordó de lo que le había dicho el duende, y se sacó la oreja del bolsillo. Le dio un mordisco y al momento aparecieron muchos enanillos dispuestos a ayudarle. En seguida le sacaron de la cueva, le dieron un traje nuevo y un caballo volador, con el que pudo llegar al palacio cuando el rey ya iba a decidirse a casar a la princesa con Arrancapinos o con Allanamontes, pues los dos decían que habían desencantado a la princesa. Todo el mundo en el palacio estaba pendiente de la decisión para hacer una gran fiesta, aunque la princesa estaba muy triste. Juan el Oso se metió entre la gente, y ni siquiera la princesa lo conoció al principio, debido al traje que le habían dado los enanillos. Por fin se acercó a ella y le enseñó la mano donde llevaba la sortija que ella

le había entregado en la cueva. Entonces la princesa exclamó:

—¡Éste es el que yo escojo, porque éste es el 120 que me ha desencantado!

El rey y todo el mundo se sorprendieron, pero tuvieron que convencerse, cuando vieron al anillo. A los otros dos los castigaron, y Juan el Oso y la princesa se casaron y vivieron felices 125 y comieron perdices. Y a mí no me dieron porque no quisieron.

V.4

El bosque parecía alejarse hacia el mar, dejando entre sí y la Albufera una extensa llanura baja, cubierta de vegetación bravía, rasgada a trechos por la tersa lámina de pequeñas lagunas.

Era el llano de Sancha. Un rebaño de cabras, guardado por un muchacho, pastaba entre las malezas, y a su vista surgió en la memoria de los hijos de la Albufera la tradición que daba su nombre al llano.

Un pastorcillo como el que ahora caminaba por la orilla, apacentaba sus cabras en otros tiempos en el mismo llano. Pero esto era muchos años antes, muchos… tantos, que ninguno de los viejos que aún vivían en la Albufera conoció al pastor; ni el mismo tío Paloma.

El muchacho vivía como un salvaje en la soledad, y los barqueros que pescaban en el lago le oían gritar desde muy lejos en las mañanas de calma:
—¡Sancha, Sancha!

Sancha era una serpiente pequeña, la única amiga que le acompañaba. El mal bicho acudía a los gritos, y el pastor, ordeñando sus mejores cabras, le ofrecía un cuenco de leche. Después, en las horas del sol, el muchacho se fabricaba un caramillo cortando cañas en los carrizales y soplaba dulcemente, teniendo a sus pies al reptil que, enderezaba parte de su cuerpo y lo contraía como si quisiera danzar al compás de los suaves silbidos. Otras veces el pastor se entretenía deshaciendo los anillos de Sancha, extendiéndola en línea recta sobre la arena, regocijándose al ver con qué nerviosos impulsos volvía a enroscarse.

Cuando, cansado de estos juegos llevaba el rebaño al otro extremo de la gran llanura, seguíale la serpiente como un gozquecillo o enroscándose a sus piernas le llegaba hasta el cuello, permaneciendo allí como caída o muerta, y con sus ojos de diamante fijos en los del pastor, erizándole el vello de su cara con el silbido de su boca triangular.

Las gentes de la Albufera lo tenían por brujo y más de una mujer de las que tomaban leña en la Dehesa al verle llegar con la Sancha en el cuello, hacían la señal de la cruz como si se presentase el demonio. Así comprendían todos cómo el pastor podía dormir en la selva sin miedo a los grandes reptiles que pululaban en la maleza. Sancha, que debía ser el diablo, le guardaba de todo peligro.

La serpiente crecía y el pastor era ya todo un hombre cuando los habitantes de la Albufera no lo vieron más. Se supo que era soldado y que se hallaba peleando en las guerras de Italia. Ningún otro rebaño volvió a pastar en la salvaje llanura. Los pescadores, al bajar a tierra, no gustaban de aventurarse en los altos juncales que cubrían las pestíferas lagunas. Sancha, falta de la leche con que le regalaba el pastor, debía perseguir los innumerables conejos de la dehesa.

Transcurrieron ocho o diez años y un día los habitantes de Saler, vieron llegar, por el camino de Valencia, apoyado en un palo y con la mochila a la espalda, a un soldado, un granadero enjuto y cetrino, con las negras polainas hasta encima de la rodilla. Sus grandes bigotes no le impidieron ser reconocido. Era el pastor que regresaba. Llegó a la llanura pantanosa donde en otros tiempos guardaba sus reses. Las libélulas movían sus alas sobre altos juncos con suave zumbido y en los charcos ocultos bajo los matorrales chapoteaban los sapos asustados por la proximidad del soldado.

—¡Sancha, Sancha! —llamó suavemente el antiguo pastor.
Y cuando hubo repetido su llamamiento muchas veces vio que las altas hierbas se agitaban y oyó un estrépito de cañas tronchadas, como si se arrastrase un cuerpo pesado. Entre los juncos brillaron dos ojos a la altura de los suyos y avanzó una cabeza achatada moviendo la lengua de horquilla, con un bufido tétrico que parecía helarle la sangre. Era Sancha, pero enorme, soberbia, levantándose a la altura de un hombre, arrastrando su cola entre la maleza hasta perderse de vista, con la piel multicolor y el cuerpo grueso como el tronco de un pino.

—¡Sancha! —gritó el soldado retrocediendo a impulsos del miedo—. ¡Cómo has crecido…! ¡Qué grande eres!

E intentó huir. Pero la antigua amiga, pasado el primer asombro, pareció reconocerle y se enroscó en torno de sus hombros, estrechándole con un anillo de su piel rugosa sacudida por nerviosos estremecimientos. El soldado forcejeó.

—¡Suelta, Sancha, suelta! No me abraces. Eres demasiado grande para esos juegos.

Otro anillo oprimió sus brazos agarrotándolos. La boca del reptil le acariciaba como en otros tiempos; su aliento le agitaba el bigote causándole un escalofrío angustioso, y mientras tanto, los anillos se contraían, se estrechaban hasta que el soldado, asfixiado, crujiéndole los huesos, cayó al suelo envuelto en el rollo de pintados colores de los anillos.

A los pocos días unos pescadores encontraron su cadáver; una masa informe con los huesos quebrantados y la carne amoratada por el irresistible apretón de Sancha. Así murió el pastor, víctima de un abrazo de su antigua amiga.

Unidad 8

I.3
1. ¿Podría actualizar esta cartilla de ahorros?
2. Quisiera el saldo de mi cuenta corriente.
3. ¿El saldo de mi cuenta, por favor?

4. Su cuenta tiene un saldo de 345.000 pesetas.
5. ¿Me da un impreso para sacar 30.000 pesetas, por favor?
6. ¿Es éste el impreso para meter dinero?
7. Quiero ingresar este talón. ¿Es en esta ventanilla?
8. ¿Qué tengo que hacer para cobrar este cheque?

I.4
Narrador: «El sábado 23 de mayo, Pablo tiene que entrevistarse con el director del Banco Interior de España en Madrid a propósito de un puesto de interventor que acaba de quedar libre en Marbella. Le extiende a su amigo Diego una autorización para que retire dinero de su libreta de ahorros en la Caja Postal. A las diez de la mañana, se despiden a la puerta de su apartamento, en el número 10 de la calle Gran Capitán, deseándose suerte en sus respectivos compromisos.
Dos horas después, de nuevo en casa, se cuentan sus experiencias.
Una estancia amplia, abarrotada de paquetes. Un mostrador de madera con un ventilador, tras él una señorita pelirroja, con gafas y un sombrero rojo.

Empleada: «Así que trae una autorización de don Pablo Herrero Castellano con D.N.I. número 28.530.750; y usted quiere retirar la cantidad de 50.000 pesetas de su libreta. ¿No es eso? … er … por casualidad… ¿será este amigo suyo familiar del Herrero del Banco Interior de España?

Narrador: Un despacho enmoquetado, cortinas lujosas y aire acondicionado. Un señor de mediana edad, buena apariencia y bien trajeado.

Director: Bien, bien, bien, señor Herrero, residente en Madrid, iré al grano. Hemos estado estudiando detenidamente su petición y nos ha parecido usted el hombre idóneo para ese puesto de interventor… er … por casualidad, ¿no será usted familiar del señor Herrero García, el de la Caja Postal?

III.1-2

Carlos García
c/ Ordoño II, 4-3.°
León
León, 5 de febrero de 1988.
       Sr. Director General
       Programación, S. A.
       c/ Almagro, 11
       Madrid

Estimado señor:
       He recibido y **leído** con interés su carta del 9 **de** enero pasado en la que **me** informa sobre algunos de sus **productos** y la calidad de los mismos. También **he** leído con interés el **reportaje** que la revista de informática PC PLUS ha realizado sobre su DP Personal.
Actualmente **estoy** montando un nuevo negocio de distribución de **material** escolar y necesito precisamente un PC de **tamaño** reducido para poder utilizarlo en los dos locales de **que** dispongo. Al mismo tiempo necesito que el mencionado PC **sea** potente y disponga de bastante memoria RAM. Como **algunos** de esos extremos no figuran en su folleto, **le ro-**

garía que me informase expresamente sobre ello.

Esperando su rápida y pronta **respuesta,** quedo de usted suyo afectísimo,

Carlos García

IV.2
a) y b)

Director: Buenos días, señor López.

Sr. López: Buenos días.

D.: Siéntese, por favor.

L.: Gracias.

D.: Tengo entendido que desea usted un préstamo. ¿De cuánto sería?

L.: Sí, exactamente. Necesito un préstamo de un millón de pesetas.

D.: ¿Para algún negocio, para vivienda…?

L.: Mire usted. Estoy montando un negocio de distribución de material escolar y quiero comprar un ordenador personal.

D.: Claro, claro. Hoy día es imprescindible informatizarse. ¡Hum! Veo que su cuenta corriente con nosotros está un poco baja últimamente.

L.: Sí, sí. Montar un negocio es caro. Pero tengo buenas perspectivas.

D.: ¿Cuánto calcula que serán sus ingresos anuales?

L.: Los cálculos que he hecho me dan un mínimo de tres millones, con posibilidades de alcanzar los cinco.

D.: Muy bien, muy bien. ¿Tiene usted algún otro ingreso?

L.: Bueno, sí. Tengo arrendado un piso y me dan cincuenta mil pesetas al mes.

D.: Entonces creo que vale la pena que compre usted el ordenador. Los informes que tengo de su solvencia y los años que lleva confiándonos sus ahorros son suficientes para aprobar su petición. Rellene y firme estos impresos.

L.: O sea que puedo contar con el crédito.

D.: Sí, sí. Puede usted contar con el millón de pesetas. Dispondrá de él dentro de cinco o seis días.

L.: Muy bien. Y muchas gracias. Mañana traeré todos estos impresos rellenos y firmados. Hasta luego.

D.: Hasta mañana, señor López.

Unidad 9

I.3
a) Biogenética.
b) Ecología.
c) Ciencias del espacio/astronáutica.
d) Bioquímica.

IV.4
a) Las zonas de intimidad están protegidas y aisladas.
b) En esta ciudad, las calles son también edificio.
c) Junto a las estaciones se sitúan dos módulos de servicio.
d) … con un repetidor de televisión vía satélite y conexión interior por cable.
e) Los patios-piscina proporcionan agua potabilizada y sirven de estabilizador térmico.
f) … tiene como objetivo final permitir la lenta evolución hacia la sociedad planetaria utópica.

Unidad 10

I.2.b   *TODO ES DE COLOR*

Lole y Manuel (Fonemusic)

Todo es de color (6 veces).

To(do) el mundo cuenta sus penas,
pidiendo la comprensión.
Quien cuenta sus alegrías,
no comprende al que sufrió.

Señor de los espacios infinitos.
Tú que tienes la paz entre las manos,
derrámala, Señor, te lo suplico,
y enséñales a amar a mis hermanos.
Enséñales lo bello de la vía (vida),
y a ser consuelo en todas las herías (heridas)
y a amar con blanco amor toda la tierra
y buscar siempre la paz, Señor,
y odiar la guerra.

I.3   *ANDALUCES DE JAÉN*

Andaluces de Jaén.
Aceituneros altivos,
decidme en el alma, ¿quién?,
¿quién levantó los olivos?

Andaluces de Jaén (bis).

No los levantó la nada,
ni el dinero, ni el señor,
sino la tierra callada,
el trabajo y el sudor.

Unidos al agua pura
y a los planetas unidos,
los tres dieron la hermosura
de los troncos retorcidos.

Andaluces de Jaén (bis).
Aceituneros altivos,
decidme en el alma, ¿de quién?,
¿de quién son esos olivos?

Andaluces de Jaén (bis).

Miguel Hernández

I.4   Andaluces de Jaén (bis).
Aceituneros altivos,

decidme en el alma, ¿de quién?,
¿de quién son esos olivos?

Andaluces de Jaén (bis).

II.2

Era un niño que soñaba
un caballo de cartón.
Abrió los •ojos el niño
y el •caballito no vio.

 Con un caballito blanco
 el niño •volvió a soñar;
 y por la crin lo cogía.
 ¡Ahora no •te •escaparás!

Apenas lo hubo cogido,
el niño se •despertó.
Tenía el •puño cerrado.
¡El caballito voló!

 •Quedóse el niño muy serio
 •pensando que no es verdad
 un caballito soñado.
 Y ya no volvió a •soñar.

Pero el niño se hizo •mozo,
y el mozo •tuvo un amor
y a su •amada le decía:
¿Tú eres de verdad o no?

 Cuando el mozo se hizo •viejo
 pensaba: •Todo es soñar,
 el caballito soñado
 y el •caballo de verdad.

Y cuando vino la muerte,
el viejo a su •corazón
preguntaba: ¿Tú eres sueño?
¡Quién •sabe si despertó!

III.1

▷ «Caminante, no hay camino. Se hace camino al andar». Es una canción preciosa.

► Lo que es preciosa es la letra.

▷ Bueno, es lo que quería decir. Aunque la música es muy adecuada también.

► Pero la letra no es del cantante. Es de un gran poeta, de Machado.

▷ ¡Ah, sí, Antonio Machado! Por cierto, ¿de dónde era?

► Era de Sevilla, pero vivió mucho tiempo en Soria, en Castilla. No podía ser de otra manera hablando como habla de las llanuras y la austeridad castellanas.

▷ De todas maneras, también hay letras de canciones que bien pudieran haber sido escritas por poetas. ¿Recuerdas esta otra de «Olivareros de Jaén...». Me gusta mucho. Más aún: me llega al corazón. Es de una profundidad y de un sentimiento. Conoces al cantante, ¿verdad? Es Ibáñez. ¡Es suya la letra!

► No, no; es de otro poeta. Realmente fueron unos años de excelentes cantantes y canciones. La verdad sea dicha que los buenos cantantes también pueden llegar a ser buenos poetas.

▷ ¿Conoces alguno de ese estilo ahora?

► Pues, no. No me suena ninguno. Pero preguntaré a Manolo. Él está muy enterado de todo esto.

V.4

Rosa fresca, rosa fresca
en el rosal de mi amor;
¡en el rosal te has secado
sin que te cortara yo!

Mujer, mujer en quien puse
el alma y el corazón;
¡sin que yo te diera un beso
tu juventud se pasó!

Cada año nuevo que llega,
llega a herirnos a los dos;
que al blanquear tus cabellos
me ennegrece el corazón.

Clareando está Año Nuevo,
y hasta que se ponga el sol,
yo, que he olvidado el rezar,
lo pasaré en oración,
y he de rezar con el alma
¡y habrá de escucharme Dios,
y habrá de hacerte dichosa
para que descanse yo...!
(Cristóbal de Castro).

Unidad 11

I.5

Se ha dicho repetidamente que la agresividad, la tensión sexual y las relaciones de jerarquía entre los seres humanos están en el origen genético del machismo, propio de todos los homínidos.
El macho humano es un animal depredador; su sexualidad no depende de la voluntad de manera principal y está íntimamente conectada con el grado de adrenalina.
Los soldados, es decir, los jóvenes cuya agresividad tiene que ser estimulada hasta anular su preocupación racional por la autoconservación y supervivencia, necesitan ser brutales; nuestras civilizaciones no han evolucionado tanto como para prescindir de los soldados.
Por eso tampoco tenemos que extrañarnos de la brutalidad de las pandillas de jóvenes; la brutalidad de grupos de jóvenes gamberros nos parece con frecuencia inexplicable. No somos capaces de encontrar la manera de contenerla ni de utilizarla positivamente. Pero su existencia no es fruto de la casualidad, sino de la naturaleza, aunque la sociedad ayude a incrementarla o, quizá también, a controlarla.

IV.2

(Charla con Isabel Durán, directora de una empresa de publicidad.)

Periodista: Se dice que no hay muchas mujeres directoras de empresa porque las mujeres no valen para dirigir, son menos racionales...

Isabel: En efecto, «se dice». Se dice eso y muchas cosas más. Hay quien todavía afirma que las mujeres no tienen razón, sino sólo «pasión»... Se dicen muchas tonterías como ésas. Pero, en realidad, mi experiencia me confirma que las mujeres empresarias, o las directoras, o las ejecutivas son tan eficientes o más que los hombres, que son cabales, cumplidoras y totalmente ocupadas y preocupadas por los problemas propios del cargo.

P.: Si eso es así, ¿por qué hay tan pocas mujeres en puestos de responsabilidad máxima?

I.: Se dan muchas razones posibles para explicar el tema. En la sociedad occidental, una de ellas deriva de los esquemas mentales del hombre: el razonamiento del hombre está condicionado, gravemente condicionado, por el machismo. El machismo está por todas partes, consciente o inconscientemente ligado a la conciencia social, a la manera de pensar. Además, la sociedad está hecha en parte de acuerdo con esos principios machistas. Por eso las mujeres no tienen lugar en algunos de los esquemas de la sociedad actual.

P.: ¿Y eso de que las mujeres no razonan...?

I.: Una estupidez más. Yo diría que el hombre se cuida muy bien de que no razonemos. Eso es todo.

P.: ¿Trabajan muchos hombres en su empresa, a sus órdenes?

I.: Naturalmente que sí. Yo nunca me planteo si quien desempeña un cargo es hombre o mujer: es una persona, un ser humano que desempeña una función.

P.: Pero si tú dices en un grupo de hombres que la directora es una mujer, ya se sabe, los ojos de muchos se tornan brillantes e interesados...

I.: Es un claro reflejo del machismo inconsciente. Incluso es posible que alguno se decida a dejar su trabajo y venir a solicitar otro a mi empresa. Pero puede equivocarse. Las mujeres somos también exigentes. Quizá no seamos tan agresivas, pero nos preocupamos más de la motivación, de formar equipos de trabajo...

P.: Es usted muy modesta...

I.: Ya que usted menciona este tema: sí, es verdad, las mujeres solemos ser más modestas en la función que desempeñamos. Los hombres venden mejor lo que son... o lo que dicen que son, que no siempre es lo mismo.

Unidad 12

I.5 Son muchas las cosas que los europeos deben hacer todavía para llegar a ser una nación o una unión de naciones. No basta la voluntad. Se precisa una presidencia única, alguien que simbolice la unidad de los distintos países, grandes y pequeños, que quieran unirse bajo la misma bandera. El presidente nombrará a su presidente de Gobierno, y éste a sus ministros. Este gobierno de los Estados Unidos de Europa no estará constituido por españoles o por alemanes, sino por *europeos* que pueden pertenecer a cualquiera de los países miembros, en razón de la ideología vencedora en las urnas, no en razón de la nacionalidad.

Cada país deberá renunciar a su soberanía; su po-

lítica en cuestiones comunes (defensa, relaciones exteriores, economía...) será fijada desde lejos, por Europa... Sus fronteras sólo existirán para los países no comunitarios, sus productos podrán comprarse y venderse sin restricciones aduaneras entre naciones que hasta ahora exigían pasaporte y papeleo burocrático. La moneda será única: los alemanes deberán renunciar al marco, los ingleses a la libra, los españoles a la peseta, los franceses al franco, los italianos a la lira, los holandeses al florín, los portugueses al escudo, los griegos al dracma. El europeo comunitario podrá disponer de *ecus* desde el estrecho de Gibraltar hasta Noruega... sin tener que realizar cambios tres o cuatro veces para atravesar Europa de Norte a Sur. Tantas lenguas diferentes en tan corto espacio de tierra supondrán una dificultad al principio. Pero ¿quién nos asegura que dentro de cien, doscientos, trescientos años... la Europa Unida no hablará una lengua supranacional, quedando el español, el francés, el italiano... como lenguas regionales de menor importancia?

II.4 **El desafío europeo**

Desde 1976, la Comunidad Europea viene intentando asentar fundamentos sólidos en el campo de la educación; pero es mucho lo que queda por hacer aún. En el futuro inmediato, sus esfuerzos se centrarán en dos frentes, donde lo que se juega es decisivo: por una parte, el de la transición entre la escuela y la vida activa y, por otra, el de las nuevas tecnologías, cuyo impacto social es preciso controlar, pero que pueden ser fuente de esperanza si Europa reconquista mercados y asegura la formación de la mano de obra cualificada indispensable para el restablecimiento de su competitividad y la reactivación de la innovación. Respetando, por supuesto, el pluralismo vigente y fructífero de los sistemas educativos nacionales, una política educativa comunitaria armonizada debe servir de base para la perseguida unificación europea, no sólo en los mapas, sino también, como se pretende, en las mentes de todos los «europeos».

En este sentido, se echa de menos —y así lo constata un informe reciente de la Comisión Europea— un contenido europeo sistemático, en asignaturas tales como historia, geografía, economía o instrucción cívica, y la ayuda necesaria a los docentes para que desarrollen adecuadamente su labor en este sentido.

Otro tema que preocupa a las autoridades particularmente es la intensificación de los intercambios de alumnos desde los primeros niveles educativos, y, en conexión con esto, la mejora de la enseñanza de idiomas.

III.2 *a)* Todos hablan **de** ese tema, pero nadie llega **a** conclusiones unitarias.

b) En 1964 la tasa de natalidad alcanzó un punto de inflexión y empezó **a** descender.

c) Ahora todavía cuentan **con** los dedos, pero la cifra se incrementa y pronto deberán contar **con** la ayuda de una calculadora.

d) En el futuro sus esfuerzos se centrarán **en** dos frentes.

e) Todos podrán disponer **de** la misma moneda en cualquier país.

f) Nadie estará ya pegado **a** su pequeña franja de tierra.

g) Ni siquiera los parlamentarios estarán protegidos **contra** la caída de lámparas **sobre** su escaño.

h) Cada nación deberá renunciar **a** su propio gobierno para someterse **a** otro gobierno superior, el de Europa.

III.4 Tema: Jóvenes y viejos.

Participan:

Consuelo: 55 años (C)
Josefa: 17 años (J)
Luis: 30 años (L)
Ricardo: 61 años (R)
Moderadora: (M)

M.: Yendo por la calle, en grupos, dentro de la familia… se oyen muchas quejas sobre el poco respeto que se tienen las personas entre sí. Por ejemplo, los jóvenes no respetan a los de más edad y los mayores no tienen en cuenta a los jóvenes. ¿Qué es lo que ocurre realmente? ¿Es así la realidad? Entonces, ¿por qué? Tienen ustedes la palabra. Vamos a empezar por la más joven, para cambiar, ya que siempre el de más edad «preside»… Josefa, ¿qué opinas sobre el tema?

J.: Pues es verdad, a los jóvenes se nos arrincona, no se nos tiene en cuenta. Se nos dice que no tenemos experiencia, que estamos en edad de formación, que no sabemos nada, que somos muy impulsivos.

C.: El problema es que es verdad, al menos esencialmente verdad.

L.: Tampoco hay que exagerar. Depende mucho de la persona. Es verdad que los jóvenes, por definición, están todavía formándose. Pero saben muchas cosas y pueden dar muchas cosas. Por ejemplo, el entusiasmo que los mayores ya han perdido. Que nos hable don Ricardo de su entusiasmo…

R.: Hombre, el entusiasmo no es exclusivo de los jóvenes. Pero claro que mi entusiasmo ya no es el mismo que el de la señorita Josefa. Pero mi entusiasmo no es tan grande porque la experiencia me ha demostrado muchas cosas: una de ella precisamente me dice que hay que controlar ese entusiasmo. Porque la vida misma impone muchas condiciones. No podemos hacer siempre lo que queremos si no sabemos cuál es nuestra capacidad, qué podemos hacer, qué no podemos hacer. En fin, eso es experiencia.

J.: Pero si usted no tiene entusiasmo, muchas veces ni siquiera empezará algo. Aparte de que a veces a lo mejor faltan también energías, fuerza… ¡Qué sé yo!

M.: Sí, sí, cada uno aporta algo. Eso está claro. Entonces, ¿por qué no participan todos en el juego? Ésa es la cuestión.

C.: Porque el ser humano quiere y desea poder. Si mandan los jóvenes, los viejos quedan arrinconados. Si mandan los mayores o los viejos, son los jóvenes los que quedan al margen. El poder mueve al ser humano. La solución estaría en compartir el poder, en aplicar la democracia a la vida diaria, no solamente a la vida social, como ocurre en tantos países.

R.: Claro, claro. Eso es lo que yo creo también. Pero en mi opinión, hay que añadir algo más: que las soluciones acertadas o no, no están repartidas al igual entre jóvenes y viejos. Para acertar con algo hay que saber, tener experiencia de lo que ha pasado antes o haber oído hablar de lo que puede pasar si ocurre tal o cual cosa.

L.: Naturalmente, pero sin exagerar. Muchas veces es la intuición y el riesgo lo que da resultados. América no se habría descubierto si Colón hubiese pedido garantías sobre su expedición. Los jóvenes aportan precisamente eso: cosas nuevas, no experimentadas. Los mayores se basan en lo conocido. Pero de eso ya sabemos mucho.

J.: Eso, eso. Si no se cambia, si no se aceptan cosas nuevas, nada cambiará. Estamos repitiendo siempre lo mismo. Y también los mismos errores. Por eso los jóvenes nos aburrimos, porque tenemos que aceptar la vida planificada y hecha por los mayores… Una vida que se repite generación tras generación.

M.: Si tenemos, nos cansamos de lo que tenemos; si no tenemos, nos quejamos de que no se nos muestra el camino. ¿Es eso lo que ocurre?

IV.1

De pelo canoso, a pesar de su juventud, Fran es hijo de un agente inmobiliario y de una maestra; habla con rapidez, es licenciado en Ciencias Políticas, en París, y tiene aspecto más de joven empresario que de estudiante recién licenciado. Nacido en Niza hace 26 años, ahora habla, además del francés, inglés y alemán. Vive en la capital francesa, París, aunque reconoce que sólo pasa allí unos cuatro días a la semana. El resto viaja por Europa, donde ya cuenta con muchísimos amigos por doquier: «Conocer otros países te hace ser menos dogmático, llegar a la conclusión de que todo es más relativo».

Su hablar es convincente. Y actúa en consecuencia: ha fundado los **Estados Generales de Estudiantes de Europa** (EGEE) precisamente para llevar adelante sus ideales sobre la unidad europea.

Para Fran, Europa tiene una serie de valores comunes que vale la pena reconstruir, y ello por encima de las nacionalidades. En su proyecto no figura ni Turquía ni Rusia, pero sí el resto de países europeos, incluyendo los países del Este. La razón de esta exclusión reside en el hecho de que la población de estos dos países no es mayoritariamente europea.

La idea de Fran es promover el ideal de la unión europea entre los estudiantes. En su opinión, una nación por sí sola ya no puede subsistir a corto plazo; preconiza la desaparición de las nacionalidades a largo plazo. Los ideales revolucionarios de la anterior generación de jóvenes parecen estar lejos: «La situación es diferente. La crisis económica y las dificultades para encontrar trabajo las tenemos que afrontar desde un punto de vista pragmático o si no fracasaremos. Preferimos reconstruir a reivindicar.»

Unidad 13

I.2 Ha llegado la hora de trabajar para el futuro de Latinoamérica, afirman muchos expertos en política y finanzas internacionales. De manera casi inadvertida, la crisis de la deuda ha vuelto a estallar y su importancia, a la larga, puede ser mayor que otros muchos temas a los que se presta mayor interés en la actualidad.

Desgraciadamente, en un conflicto entre Brasil —que se niegue a pagar la deuda— y Estados Unidos, sólo puede haber perdedores. Si el crecimiento económico del Brasil se ve dificultado, empeorará su crisis interna y se verán incrementadas peligrosamente fuerzas antiamericanas y antimercado, justo en el momento en que se está redactando una constitución democrática.

Por otro lado, los Bancos tendrán grandes dificultades si el Brasil no hace frente a sus obligaciones. Y la tensión entre los dos países frustraría el intento de construir una nueva etapa de relaciones creativas, etapa largamente esperada.

Brasil es el país más grande, más rico y más poderoso de Latinoamérica. Tiene tradición de moderación política y gobierno eficaz. A diferencia de otros países, ha utilizado sus créditos para levantar una infraestructura económica e industrial de categoría mundial.

La deuda latinoamericana asciende a casi 300.000 millones de dólares. El Brasil no es un caso aislado. México estaba en crisis hace unos años y se ponía a Brasil como ejemplo de disciplina. Ahora México está tranquilo, tras la inyección de 12.000 millones de dólares, y es el Brasil el que entra en crisis. Debería crearse un nuevo sentimiento de urgencia ante hechos de este tipo. Si Brasil, igual que México, cayese en el caos económico, el centro de atención de la política norteamericana se desplazaría indudablemente hacia el Sur del continente americano. Cualquier enfoque realista del problema de la deuda exterior debe comenzar por el reconocimiento de que no se han solucionado todos los problemas subyacentes. Habrá que echar mano de un fondo internacional seguro, a la vez que será preciso asegurar el proceso de reforma en los países afectados. Pero todo ello es factible si existe voluntad política y decisión.

IV.2 *P.:* ¿Es posible la democracia en un país lleno de miseria?

R.: ¿Y cómo no? Es **lo que más** me apena de Europa. Allí se cultiva esa caricatura cuando se trata de América Latina. Sobre todo cuando **se trata** de de-

mocracia y libertad, inmediatamente **aparece** una sonrisa irónica, como si la pobreza, el atraso, **fueran** totalmente incompatibles con esas instituciones que dijérase que sólo pueden ser atributos de los pueblos avanzados y cultos, prósperos. Esto **ocurre** incluso en los círculos intelectuales más progresistas, que no **ven mal** una dictadura comunista para nuestros países pobres. Por eso nosotros no **recibimos** ayuda alguna de los pueblos democráticos avanzados. Nadie nos ayuda a nosotros como **ayuda** a Cuba la Unión Soviética. Y ésta es una de las dificultades para el afianzamiento de las democracias en los países subdesarrollados. Pero yo ya **he descubierto** que si la democracia triunfa en América Latina **va a ser** porque los latinoamericanos habrán conseguido sacarla adelante ellos solos, sin la ayuda, por supuesto, de los enemigos, pero con la hostilidad e indiferencia de los **supuestos** amigos que tenemos.

P.: ¿Y por qué **se ha levantado** usted, como un resorte, contra la estatificación del presidente García que, en su intención al menos, parece querer poner fin a la espantosa miseria que aún **pervive** en su país?

R.: Porque la democracia está en peligro. Ésta es una democracia muy frágil, no como las europeas. En Francia, Mitterrand **pudo** estatificar la Banca y la democracia **sigue;** pero eso ocurre en un Estado de institución permanente, que está nítidamente **diferenciado** del gobierno, que es más bien una unidad transitoria. En un país subdesarrollado no ocurre así. Y si el Gobierno **llega** a adquirir un poder económico tan gigantesco, la democracia **queda** desestabilizada. Es como si **metes** a un elefante en una casa. Los créditos los van a tener sólo los partidiarios del Gobierno. ¿Cómo **van a sobrevivir** las empresas privadas?

V.5 Solución. (*no grabado*)

A salto de caballo

«Si no hubiera sinvergüenzas, el mundo resultaría muy aburrido para los honrados.»

La noria

Mu: mozuela, lavarse, serrucho, chochear, arquero, romanza, zahorí, ripiosa, sabueso, sobordo, docente.

V.6 Escucha y corrige los errores que adviertas.

Aeropuerto Jorge Chaves, Lima. Niebla húmeda del Pacífico, caras blancas, caras criollas, un maletero, un pasaporte y la advertencia del policía aduanero, insólita para el recién llegado: «Cuidado con la coima (el soborno). ¿Me entiende? «Bueno. Un taxi. El maletero ya lo ha amañado todo. Surge un taxista de la esquina. El río Rimac divide la capital en dos. Junto al Centro, las orillas del río humean. Son los estercoleros de la ciudad de seis millones de habitantes.

Unidad 14

I.1 (Discursos de S. M. el Rey D. Juan Carlos)

«En esta hora, cargada de emoción y esperanza, llena de dolor por los acontecimientos que acabamos de vivir, asumo la corona del reino con pleno sentido de mi responsabilidad ante el pueblo español y de la honrosa obligación que para mí implica el cumplimiento de las leyes y el respeto de una tradición centenaria que ahora coinciden en el trono. Como Rey de España, título que me confieren la tradición histórica, las leyes fundamentales del reino y el mandato legítimo de los españoles, me honro en dirigiros el primer mensaje de la corona que brota de lo más profundo de mi corazón.

Hoy comienza una nueva etapa de la historia de España. Esta etapa que hemos de recorrer juntos se inicia en la paz, el trabajo y la prosperidad, fruto del esfuerzo común y de la decidida voluntad colectiva.

La monarquía será fiel guardián de esa herencia y procurará en todo momento mantener la más estrecha relación con el pueblo.

La institución que personifico integra a todos los españoles y hoy, en esta hora tan trascendental, os convoco porque a todos nos incumbe por igual el deber de servir a España. Que todos entiendan con generosidad y altura de miras que nuestro futuro se basará en un efectivo consenso de concordia nacional.

El rey es el primer español obligado a cumplir con su deber y con estos propósitos.

En este momento decisivo de mi vida afirmo solemnemente que todo mi tiempo y todas las acciones de mi voluntad estarán dirigidas a cumplir con mi deber.»

«Una vez más, en nombre de mi familia y en el mío propio, tengo la oportunidad de enviar un cordial saludo y una felicitación sincera a los españoles que, dentro y fuera de nuestra nación, están viviendo estas horas entrañables de la Navidad. Los seres queridos que nos rodean, los recuerdos que se evocan, la alegría que se disfruta en estos momentos nos proporcionan un bien inapreciable y unos sentimientos de hermandad que os deseo se prolonguen a través de todo el año que pronto va a comenzar.

En el que ahora termina, se ha producido importantes acontecimientos. Hemos cumplido diez años de madurez constitucional. Diez años cuya conmemoración celebramos recientemente y que se iniciaron con el acuerdo de las distintas fuerzas políticas para redactar un proyecto de Constitución, que después mereció la aprobación del pueblo español. Un símbolo de concertación y de consenso que debiera prolongarse a través del tiempo en un fecundo y sereno diálogo.

España se ha ligado a compromisos interiores y exteriores que nos vinculan plenamente a los avatares y a los problemas del mundo en que nos ha tocado vivir y dentro del cual se nos reconoce un prestigio indudable.

Han transcurrido tres años desde la adhesión de nuestro país a la Comunidad Europea. Sentimos entonces la satisfacción de ver alcanzada una meta que los españoles anhelábamos.

Ahora podemos comprobar la exactitud de nuestra elección porque ha contribuido a la modernización de nuestra economía, a aumentar la prosperidad del país, al fortalecimiento de nuestras instituciones democráticas y a la recuperación de un papel importante en Europa y en el mundo.

En este afán os convoco a todos, pues el futuro de Europa es y será, porque así lo hemos querido, nuestro propio futuro.

En el terreno de la convivencia constructiva entre las naciones concluiremos el año con esperanza. Mil novecientos ochenta y ocho ha sido especialmente fecundo en la búsqueda de la paz y en los esfuerzos dirigidos a disminuir aquellos elementos y circunstancias que puedan amenazarla.

La actividad de la Organización de las Naciones Unidas que ha permitido la entrada en vías de solución de graves conflictos, las nuevas perspectivas abiertas por la Conferencia para la Seguridad y la Cooperación de Europa y los procesos de entendimiento internacional que España ha alentado en la medida de sus posibilidades, son signos positivos que, sin embargo, quedan parcialmente enturbiados por factores de inestabilidad aún latentes y ante los cuales no podemos permanecer impasibles.»

I.2 Los hijos reaccionan a menudo contra sus padres. Y una de las maneras de hacerlo es alejarse de los gustos y aficiones de éstos. La Familia Real española no es buen ejemplo de esto: el Príncipe Felipe tiene algunas de las aficiones deportivas más sobresalientes de su padre: vela, aviación y esquí. ¿Es ello signo de sumisión paterna? Quizá puedan darse explicaciones de esta índole. Pero también puede pensarse en las cualidades físicas heredadas y en el condicionamiento biológico que los genes imponen. Claro que los genes no son suficiente explicación para los gustos y aficiones de doña Sofía, ferviente aficionada a otro tipo de artes menos «violentas», cuales son la música, la arqueología, la antigüedad y las artes en general. En el caso de la Reina, las razones hereditarias tampoco parecen haber condicionado a Elena, eficaz aficionada a la hípica, deporte en el que ha conseguido algunos éxitos y en el que su condición femenina no ha sido impedimento de importancia. Siguiendo con la genealogía real española, el caso de la Infanta Cristina corre más bien paralelo al destino y aficiones de los varones: su gran pasión es la vela, deporte en el que ha sido, igualmente, sobresaliente en su variante femenina. Las aficiones y deportes que distinguen a cada uno de los miembros de la Familia Real no se corresponden con las propias de los reyes en siglos pasados (caza, grandes bailes…). Tampoco se corresponden los trabajos de las Infantas: Elena, que acaba de finalizar sus estudios universitarios, se dedica a tareas docentes en una escuela. Cristina, cursa estudios universitarios. No van a pasar al futuro como excepciones. Son los signos de los tiempos y reflejan también el hacer y pensar de los padres. El Rey Juan Carlos no sólo es un gran deportista (vela, esquí, aviación), sino también un sencillo trabajador entregado a conciencia a la no siempre agradable «profesión monárquica».

I.3

A. Creo que una de las principales cualidades es la claridad. La gente debe entender lo que queremos decir. ¡Hum! La gente no es tonta. Si no te entiende, desconecta. Su mente y su atención te abandonan. Pero no debe ser una claridad obvia. Si dices lo que es obvio, la gente pensará que eres tonto, que no dices nada interesante, que eso ya lo sabía él. Es preciso encontrar un término medio: ser claro, pero sin dejar de interesar a la gente.
Bueno también hay que utilizar un lenguaje adecuado a la audiencia. No es lo mismo hablar a campesinos que a profesores de Universidad; ni es igual dirigirse a economistas o a contables. Según la audiencia, así ha de ser el lenguaje. También es importante la construcción lógica de lo que dices. Si mezclas las ideas, diciendo al principio lo que tienes que decir al final o viceversa, entonces no interesarás a la gente. Ni tampoco debes acabar desarrollando el tema que tenías que haber hecho después de haber dado el primer saludo a los que te escuchan. Bueno, en resumidas cuentas, que hay que trabajar inteligentemente el discurso. Que no es cuestión de llegar y ¡ya ésta! soltar lo que te viene a la mente.

B. Bueno, no sé. ¡Se necesitan tantas cosas para hablar en público! Buena presencia, ir bien vestido, sin afectación, pero bien vestido, ser claro… no sé. ¡Ah! Es muy importante halagar de alguna manera a quien te escucha. No quiero decir que debamos halagarlos de manera clara y obvia. Hay que hacerlo sutilmente, sin decirlo expresamente. Por ejemplo, aunque pienses lo contrario respecto a

quienes te escuchan, hay que dejar claro que no son tontos, que entienden perfectamente lo que dices, que están bien informados sobre aquello de que se habla. ¡Y bien sabe Dios que esto no siempre es verdad! Claro está que todo esto no se puede hacer si quien habla no tiene facilidad de palabra. En cada momento debe utilizarse la palabra adecuada. Esto es muy importante. Y con esto ya he mencionado muchas cualidades para hablar bien ¿no?

IV.3

Camaradas:
Nuestra cita anual nos ha congregado a todos para celebrar el aniversario de nuestra revolución. Un año más ha transcurrido en favor de la causa que dio origen a aquellos días gloriosos.

Los que antes sufrían persecución y opresión, hoy día son libres. Quienes apenas si tenían pan que llevarse a la boca, hoy ya no pasan hambre. Los esclavos de los poderosos han podido romper las cadenas de la opresión.

… es duro, como es duro todo aquello que vale. No debemos desanimarnos ante las dificultades de cada día, ni siquiera ante las colas, camaradas, que todos tenemos que hacer para realizar nuestras compras. ¡Más vale hacer cola que padecer la injusticia! ¡Más vale soportar colas que nadar en la abundancia y en el lujo de tiendas repletas… repletas de corrupción e injusticia!

… ni os dejéis engañar por quienes os tientan desde fuera. ¿Recordáis lo que era este país hace sólo 40 años? Mirad en qué nos hemos convertido ahora. Antes pasábamos hambre, mandaban sobre nosotros. Ahora enviamos a hombres a la Luna y mandamos sobre el mundo. ¡Camaradas, pronto habremos conquistado el mundo! ¡El mundo será nuestro! ¡El hombre será, finalmente, libre!

Alcanzaremos nuestra meta. Lo conseguiremos, camaradas, lo conseguiremos. ¡Arriba la revolución! ¡Acabemos con la opresión del débil!

Vocabulario

NB. En esta lista se ofrecen las palabras que aparecen por vez primera en el Nivel 3 de *ANTENA*. El número que acompaña se refiere a la Unidad en que se encuentran, también por primera vez. Dado que los textos de ANTENA-3 son *auténticos* y no han sido «adaptados», algunos de los términos utilizados son de escasa funcionalidad comunicativa fuera del contexto concreto en que se usan. Algunas de esas voces no han sido incluidas en la lista siguiente.

A

a corto plazo, 12
a costa de, 3
a fondo, 11
a la larga, 13
a largo plazo, 2
a lo largo, 3
a mediados, 3
a propósito, 8
a punto, 9
a salvo, 11
a todo terreno, 3
a través, 3
abarrotado/a, 8
abdomen, el, 2
abismal, 9
abrazar(se), 7
abuelo/a, el/la, 2
abundancia, la, 6
abundar, 3
aburrimiento, el, 1
abuso, el, 11
acallar, 14
acampar, 13
acariciar, 7
acceder, 3
acceso, el, 8
aceituna, la, 5
aceptable, 5
aceptar, 1
acero, el, 10
acertar, 7
achatado/a, 7
acierto, el, 8
acogida, la, 8
acompañante, 13
acondicionado/a, 9
acordar(se), 7
acostumbrar, 4
acta, el, 14
activar, 9
actual, 2
actualidad, la, 4
actualizar(se), 8

actuar, 2
acuñar, 13
acusar, 2
adecuado, 8
adelante, 7
adentrar(se), 3
adicción, la, 5
adicionalmente, 8
adjunto/a, 8
administración, la, 9
administrar, 13
admirar, 3
admisión, la, 11
adobe, el, 3
adolescente, el/la, 1
adoptante, el/la, 13
adoptar, 13
adorar, 13
adrenalina, la, 11
aduanero/a, 5
adulador/ra, el/la, 14
adulto, el, 1
adverso/a, 6
advertencia, la, 13
advertir, 5
aerodinámica, la, 9
afectación, la, 14
afectísimo/a, 8
afectivo/a, 1
afecto, el, 7
afianzamiento, el, 13
afición, la, 14
afirmar, 2
africano/a, 5
afrodisíaco/a, el/la, 13
afrontar, 12
agachar(se), 4
agarrotar(se), 7
agenda, la, 11
agente, el, 4
agilidad, la, 9
agitar(se), 7
agrario, 2
agredir, 2
agresividad, la, 11
agreste, 3

agrícola, 14
agricultura, la, 1
agrio/a, 10
aguacate, el, 13
agujero, el, 14
ahogar(se), 3
ahorro, el, 10
aire acondicionado, el, 8
al menos, 5
ala, el/la, 4
alba, el/la, 10
albufera, la, 7
alejar(se), 7
algo, 1
alguien, 10
alianza, la, 14
aliento, el, 7
alimentar(se), 9
alimentario/a, 14
alimenticio/a, 9
allanar(se), 6
almacenamiento, el, 8
alocado/a, 3
alojar(se), 5
alterar, 1
alternar, 6
alternativa, la, 6
altiplano, el, 13
alzar(se), 6
amargo/a, 10
amarrar, 7
ámbar, el, 8
ambiental, 9
ámbito, el, 11
amedrentar(se), 6
amistad, la, 2
amnistía, la, 2
amonestar, 12
amontonar(se), 3
amoratado/a, 7
ampliación, la, 11
añadir, 12
andino/a, 13
ángel, el, 6
anglosajón, 5
angustia, la, 7

angustioso/a, 1
anidar, 3
anillo, el, 7
animar(se), 3
animosidad, la, 4
aniversario/a, 14
anterior, 6
anticipar(se), 11
antiguerrillero/a, 2
antonomasia, la, 6
anular, 11
apacentar, 7
apagar, 7
apaleamiento, el, 11
aparecer, 5
aparentar, 6
apariencia, la, 8
apartado, el, 11
apasionado/a, 1
apatía, la, 6
apedrear, 4
apenar, 13
apetito, el, 1
aplastar(se), 7
aplauso, el, 3
aplicación, la, 4
aplicar(se), 5
apoderarse, 14
aportación, la, 14
aportar, 9
apóstol, el, 3
apoyo, el, 2
apreciado/a, 6
aprender, 1
aprendizaje, el, 9
apresurar(se), 11
apretón, el, 7
aprisionado/a, 6
aprobación, la, 14
apropiado/a, 11
apto/a, 8
apuro, el, 7
arancelario/a, 14
arduo/a, 3
argumentar, 14
aritmético/a, 8

armonizado/a, 12
arqueología, la, 14
arquitecto, el, 3
arrastrar(se), 2
arreglo, 11
arrendado/a, 7
arresto, el, 13
arrinconar, 12
arroba, la, 7
arrojar(se), 7
arroz, el, 6
arruinar(se), 6
artístico/a, 1
asado, el, 13
asalto, el, 6
asentar, 3
asesino/a, el/la, 14
asesoramiento, el, 11
asfixiado/a, 7
asiático/a, 5
asiento, el, 3
asignatura, la, 6
asimilar, 14
asimismo, 8
asistir, 1
asociación, la, 11
asomar(se), 7
asombro, el, 3
asquear(se), 1
astro, el, 10
asustado/a, 2
atacar, 2
atajar, 4
ataque, el, 2
ataúd, el, 4
aterrizar, 9
aterrorizado/a, 11
atlántico/a, 14
atraer, 5
atraso, el, 13
atrever(se), 1
atribuir(se), 13
atributo, el, 13
atropello, el, 6
audaz, 3
audiovisual, 9
auditorio, el, 9
austeridad, la, 10
autenticidad, la, 6
auténtico/a, 1
automático/a, 14
automóvil, el, 11
autónomo/a, 14
autoritario/a, 14
autorización, la, 8
avanzar, 3
ave, el/la, 3
avenida, la, 11
aventurar(se), 7

aviación, la, 14
ayuda, la, 2
ayudar, 5
azar, el, 3

B

bahía, la, 6
bañado/a, 3
banca, la, 13
bandera, la, 12
banquete, el, 13
baranda, la, 10
barandal, el, 10
barquero/a, el/la, 7
barrera, la, 11
barroco/a, 3
basar(se), 9
base, la, 9
bastar(se), 6
basto/a, 3
bastón, el, 13
basura, la, 2
batata, la, 13
batería, la, 4
besar(se), 6
bibliográfico/a, 1
biblioteca, la, 9
bicho, el, 7
biogenética, la, 9
biológico/a, 9
bioquímica, la, 9
biosintético/a, 4
biotecnología, la, 1
bisutería, la, 11
blanquear(se), 10
bodega, la, 11
bodegón, el, 3
bolsa, la, 1
boniato, el, 13
borracho/a, el/la, 10
bravío/a, 7
bravo/a, 7
breve, 3
brillante, 3
brillar, 7
brincar, 13
brote, el, 9
brutal, 11
brutalidad, la, 11
bufido, el, 7
buitre, el, 2
bulbo, el, 9
bullicio, el, 6
burocrático/a, 12
butaca, la, 1

C

cabal, 11
caber, 8
cabeza, la, 4
cable, el, 9
cabrito, el, 3
cacahuete, el, 13
cacao, el, 13
cacharro, el, 7
cachiporra, la, 7
cada, 1
cadáver, el, 7
cadete, el, 13
caída, la, 6
calcular, 3
caldeado/a, 13
calendario, el, 2
calibre, el, 4
califa, el, 3
calmar(se), 1
camarada, el/la, 14
camarote, el, 9
camilla, la, 4
caminante, el/la, 3
caminar, 3
campaña, la, 1
campanilla, la, 7
campesino/a, el/la, 2
campiña, la, 3
caña, la, 2
cáncer, el, 4
candidatura, la, 11
canoso/a, 12
cantidad, la, 4
cantina, la, 4
caos, el, 13
capaz, 1
capilla, la, 3
capítulo, el, 6
cápsula, la, 4
capturar, 2
caracol, el, 9
carámbano, el, 10
cargar(se), 11
cargo, el, 6
caricatura, la, 13
carpeta, la, 13
carrizal, el, 7
cartilla, la, 8
casco, el, 3
casi, 2
caso, el, 1
casona, la, 3
castigar(se), 6
catalán/na, 3
causar, 7
célebre, 6

célula, la, 4
cementerio, el, 4
ceñir(se), 3
censura, la, 6
centígrado, el, 9
centrar(se), 12
centroamericano/a, 2
centroeuropeo/a, 2
cercanías, las, 13
cercano/a, 2
cereal, el, 6
cerebral, 9
cerebro, el, 9
ceremonia, la, 13
cerrar, 1
certeza, la, 4
cesar, 2
chabola, la, 5
chapotear, 7
charco, el, 7
charla, la, 11
chino/a, 5
chocolate, el, 13
chorizo, el, 9
ciclo, el, 1
cierto/a, 4
ciervo, el, 3
cifra, la, 4
cifrar, 4
cigarrillo, el, 13
cigarro, el, 1
cintura, la, 7
circuito, el, 4
circular, 11
círculo, el, 13
circunstancia, la, 1
cirugía, la, 4
citar, 6
ciudadano/a, el/la, 11
cívico/a, 9
civil, el/la, 2
civilización, la, 3
clandestino/a, 5
claridad, la, 8
claustro, el, 3
clave, la, 3
climático/a, 9
cobarde, 2
cobertura, la, 14
cobijar(se), 3
cocaína, la, 1
cocodrilo, el, 3
col, la, 4
cola, la, 1
colecta, la, 1
colega, el/la, 1
colegiata, la, 3
colocar(se), 9
colombiano/a, 6

colonial, 6
colonizar, 9
colono, el, 13
colorido, el, 3
columna, la, 3
comandante, el, 6
combustión, la, 9
comercial, 5
comerciante, el/la, 2
cometer, 11
comienzo, el, 1
compacto/a, 9
compadre, el, 10
comparación, la, 11
compartir, 1
compás, el, 7
compatibilidad, la, 8
compatible, 8
compatriota, el, 6
competitividad, la, 12
complejo, el, 4
complementar, 3
comportar(se), 1
compromiso, el, 2
común, 9
comunicación, la, 3
comunitario/a, 9
concebir, 3
concepto, el, 1
conceptuar, 11
conclusión, la, 12
conde, el, 3
condensación, la, 9
condensado/a, 4
condicional, 6
condicionamiento, el, 14
condicionar, 11
condimento, el, 13
conejo, el, 3
conexión, la, 9
conexionismo, el, 9
conexionista, 9
confesión, la, 6
confesonario, el, 3
confianza, la, 1
configuración, la, 8
configurar, 3
conflicto, el, 13
confluir, 3
confortable, 14
confuso/a, 3
congregar, 14
conmemorar, 7
conocimiento, el, 9
consciente, 11
consecuencia, la, 2
consecutivo/a, 3
conseguir, 4
consejero, el, 11

consenso, el, 11
consentir, 4
conservación, la, 4
conservar, 3
consideración, la, 4
considerar, 3
consistencia, la, 6
consistente, 9
constancia, la, 3
constante, 1
construido/a, 9
consultorio, el, 4
consumición, la, 5
contador, el, 4
contagiar(se), 4
contar, 6
contener, 6
contenido, el, 1
contestación, la, 1
contracorriente, la, 3
contractual, 14
contradicción, la, 8
contraer, 7
contrario, 5
contratación, la, 14
contratar, 5
contratiempo, el, 14
contrato, el, 5
contundente, 1
conversar, 6
convincente, 12
convivencia, la, 12
cooperación, la, 2
cooperar, 11
cooperativa, la, 14
coordinación, la, 9
corona, la, 7
coronel, el, 6
corregir, 6
corresponder, 14
corresponsal, el/la, 2
corromper(se), 1
corrupción, la, 14
corsario, el, 6
corte, la, 13
cortesano, el, 3
cortesía, la, 4
cósmico/a, 9
cosmonauta, el/la, 9
costarricense, el/la, 2
coste, el, 4
cotidiano/a, 1
creación, la, 2
crear, 1
creciente, 13
crepúsculo, el, 6
cresta, la, 12
crianza, la, 11
criminal, el/la, 11

crin, la, 10
cripta, la, 3
cristal, el, 10
cristiano/a, 3
criterio, el, 1
crónica, la, 13
crucero, el, 3
crujir, 7
cruz, la, 7
cualificado/a, 12
cuartel, el, 6
cubano/a, 2
cuenco, el, 7
cuerda, la, 7
cuestión, la, 4
culo, el, 7
culpable, el/la, 11
cultivar(se), 9
culto/a, 13
cumbre, la, 10
cumplimiento, el, 2
cúpula, la, 3
curar(se), 4
curiosidad, la, 7
custodio, el, 6
cuyo, 6

D

danés/sa, 11
danzar, 7
datar, 3
dato, el, 8
de antemano, 14
de modo que, 1
de pronto, 7
debate, el, 13
decentemente, 10
decisivo/a, 12
declive, el, 4
decretar, 4
deducir, 11
defender(se), 3
defensa, la, 12
deficiente, 14
déficit, el, 14
definición, la, 1
definir, 3
definitivo/a, 11
defraudar, 6
degradar(se), 1
dehesa, la, 7
delante, 1
delegación, la, 11
delicia, la, 3
delicioso/a, 13
delincuencia, la, 5

delito, el, 11
demagogia, la, 1
democrático/a, 1
democratización, la, 2
demográfico/a, 12
demógrafo/a, el/la, 5
demonio, el, 7
denominar, 9
deparar, 10
dependiente, 5
depositar, 1
depredador/ra, 11
derivar, 13
desafiar, 5
desafío, el, 9
desanimar(se), 14
desaparecer, 7
desaparición, la, 12
desarme, el, 2
desarrollar(se), 1
desastre, el, 1
desastroso/a, 14
desatar, 4
descender, 12
descenso, el, 1
descentralización, la, 14
descollar, 10
desconcierto, el, 1
descontento/a, 1
desembocadura, la, 3
desempeñar, 11
desempleo, el, 14
desenrollar, 13
desencadenar, 5
desencantar, 7
desenterrar, 9
deseo, el, 5
desértico/a, 4
desesperación, la, 6
desestabilizado/a, 13
desfiladero, el, 3
desgraciado/a, 7
desintegración, la, 4
desnudar(se), 6
desorden, el, 1
despegar(se), 9
desperdiciar(se), 1
despertar, 3
despiadado/a, 10
desplazar(se), 2
desplomarse, 12
desprotegido/a, 6
destacar, 3
destierro, el, 6
destrozado/a, 4
destrucción, la, 9
detener(se), 13
deterioro, el, 1
deuda, la, 13

devorador/ra, 1
diablo, el, 7
diálogo, el, 2
diamante, el, 7
dicho, el, 13
dichoso/a, 10
dictadura, la, 1
dictaminar, 4
diente, el, 1
diferente, 9
digerir, 9
digital, 9
dignidad, la, 1
dinámica, la, 14
dios, el, 6
disciplina, la, 6
disciplinado/a, 1
discriminación, la, 4
discriminatorio/a, 11
discurrir, 3
discutir, 6
diseñar, 14
diseño, el, 8
dispar, 12
disparar, 12
disparo, el, 2
dispersión, la, 4
disponible, 8
dispuesto/a, 7
disquete, el, 8
distante, 13
distensión, la, 2
distinguir, 14
distintivo/a, 14
distribuidor, el, 11
dividir, 1
división, la, 11
docente, 14
doctrina, la, 6
dogmático/a, 12
domesticar, 13
dominante, 11
dominio, el, 11
droga, la, 1
dualidad, la, 3
duende, el, 7
dueño, el, 6
duna, la, 3
duración, la, 9
duro/a, 3

E

echar de menos, 12
ecología, la, 9
ecológico/a, 3
economista, el/la, 14

edificar, 3
eficiente, 11
ejecución, la, 2
ejecutar, 14
ejemplo, el, 6
ejercer, 4
ejército, el, 1
electoral, 11
elefante, el, 13
elemento, el, 3
eliminación, la, 14
eliminar, 2
embarazada, la, 2
embellece, 3
embriagarse, 3
emoción, la, 3
empeorar, 13
emperador, el, 3
empobrecimiento, el, 6
empresario, el, 5
empujar, 3
empuje, el, 3
emulación, la, 8
en efecto, 5
en exclusiva, 8
en favor de, 1
en fin, 12
en función de, 11
en marcha, 12
en pos de, 13
en vez de, 1
encalar, 3
encanecimiento, el, 12
encanto, el, 3
encarcelado/a, 2
encargar(se), 3
encéfalo, el, 4
encender, 4
encima, 3
encinar, el, 3
encogimiento, el, 12
enconamiento, el, 13
encuentro, el, 4
endémico/a, 14
enderezar(se), 7
enemigo, el, 9
enfadar(se), 7
enfoque, el, 13
enfrentamiento, el, 2
enfrentar(se), 7
engordar, 13
enjuto/a, 7
enmoquetado/a, 8
enmudecer, 13
enorme, 7
enrollado/a, 13
enroscar(se), 7
ensalada, la, 13
ensayar, 2
enseñanza, la, 1

ensuciar(se), 7
entorno, el, 8
entrada, la, 5
entregar(se), 7
entrelazar, 3
entrevistar(se), 8
entristecer(se), 5
envuelto/a, 7
equiparación, la, 11
era, la, 14
erizar(se), 7
erotismo, el, 11
erradicación, la, 4
error, el, 8
esbeltez, la, 3
escala, la, 11
escalofrío, el, 7
escandinavo/a, 2
escaño, el, 12
escapar, 2
escape, el, 13
escarcha, la, 10
escarpado/a, 3
escasear, 6
escasez, la, 6
escoger, 7
escolarización, la, 5
escrito, el, 1
escrúpulo, el, 5
escrupuloso/a, 3
escudo, el, 3
esculpir, 3
escupir, 1
esencial, 14
esfuerzo, el, 4
espanto, el, 13
especialización, la, 11
especializado/a, 5
específico/a, 8
espinaca, la, 5
espiritual, 1
esquema, el, 11
estabilizador, el, 9
estabilizar(se), 12
establecimiento, el, 5
estadística, la, 5
estadounidense, 2
estafador, el, 5
estallido, el, 6
estantería, la, 9
estatal, 4
estatalizar, 13
estatificación, la, 13
estatua, la, 3
estratégico/a, 3
estratificar, 11
estrella, la, 10
estrellado/a, 10
estremecimiento, el, 7
estreno, el, 11

estrépito, el, 7
estrés, el, 11
estricto/a, 8
estructura, la, 6
estructural, 1
estupidez, la, 11
europeo/a, 2
evacuar, 4
evidente, 4
evocador/ra, 3
evolución, la, 9
evolucionar, 11
examen, el, 13
excentricidad, la, 12
excepción, la, 14
exclamar, 7
exclusión, la, 12
exclusivo/a, 3
exculpar(se), 11
exigencia, la, 14
exilio, el, 1
existencia, la, 9
existente, 3
expandible, 8
expandir(se), 4
expansión, la, 8
expectativa, la, 6
expedición, la, 12
experimentación, la, 9
experimental, 9
experto/a, el/la, 4
expiatorio/a, 3
explotar, 2
exponer, 14
expresar(se), 12
expresión, la, 6
expulsar, 12
extender(se), 7
extenso/a, 3
exterior, el, 3
extinción, la, 11
extrañar(se), 11
extraño, el, 11
extraordinario/a, 14
extraviado/a, 13
extremo, el, 3

F

faceta, la, 14
facilitar(se), 9
factible, 13
faja, la, 10
falsificación, la, 5
falta, la, 1
falto/a, 7
fanatismo, el, 13

fango, el, 2
fantasma, el/la, 4
farol, el, 1
fastuoso/a, 3
fatigoso/a, 3
fauna, la, 3
favorito/a, 1
fecundación, la, 14
feminista, 11
fenómeno, el, 1
ferviente, 14
festivo/a, 13
fiable, 7
fiar(se), 1
fiel, 1
figurar(se), 8
fijar(se), 3
filosofar, 13
filósofo/a, el/la, 3
financiero, 14
finanzas, las, 13
finca, la, 5
fino/a, 3
fiscal, 14
flexibilidad, la, 14
flexibilizar, 14
florecer, 5
fogón, el, 13
fomento, el, 14
forastero/a, el/la, 6
forcejear, 7
forjar, 9
forma, la, 2
formalidad, la, 14
formar(se), 3
fórmula, la, 6
formular(se), 6
forrado/a, 4
forraje, el, 4
fortalecer(se), 2
fracasar, 12
frágil, 7
fragmentado, 11
fraile, el, 3
franja, la, 12
frase, la, 13
fraude, el, 14
frotar(se), 10
fructífero/a, 12
frustrar, 13
fuerza, la, 1
Fuerzas Armadas, las, 6
fumador/ra, el/la, 4
función, la, 8
funcionamiento, el, 9
fundación, la, 3
fundamental, 9
fundamentalismo, el, 13
fundamento, el, 12
fundar, 12

furioso/a, 7
fusión, la, 4

G

gamberro/a, el/la, 11
ganadería, la, 9
ganadero/a, el/la, 2
gancho, el, 4
garantía, la, 4
garbanzo, el, 9
gastronomía, la, 13
gato, el, 10
gen, el, 4
genealogía, la, 14
generacional, 1
generador, el, 8
generalización, la, 14
generar(se), 6
generar, 9
generoso/a, 5
genética, la, 4
genio, el, 3
genital, el, 2
geografía, la, 12
gestionar, 13
gesto, el, 1
gigante, el, 7
gigantesco/a, 13
global, 1
gloria, la, 3
glorioso/a, 14
gobernante, el, 6
gobernar, 6
golfo, el, 6
golosina, la, 13
golpe, el, 2
gozoso/a, 13
gradual, 14
gráfico/a, 8
grandioso/a, 3
granja, la, 2
gratificante, 11
gringo/a, el/la, 5
grito, el, 2
grueso, 7
guardar, 3
guardián, el, 6
guatemalteco/a, 2
guerrillero/a, el/la, 2
guitarra, la, 1

H

hábito, el, 4
habitual, 4

halagar, 12
harina, la, 6
hasta, 4
hebra, la, 1
hecho, el, 4
helar(se), 7
hereditario, 14
herida, la, 10
herméticamente, 9
héroe, el, 1
herramienta, la, 14
herrería, la, 7
hervido/a, 6
hidrógeno, el, 9
hiel, la, 10
hígado, el, 4
higuera, la, 10
hilo, el, 3
hípica, la, 14
hipotecado/a, 6
hispánico/a, 7
hispano/a, el/la, 7
historial, el, 11
histórico/a, 3
hojalata, la, 10
hojear, 1
homogéneo/a, 11
hondo/a, 7
hondureño/a, 2
hongo, el, 3
horizonte, el, 3
horquilla, la, 7
horror, el, 4
hospedar, 3
hospedería, la, 3
hostal, el, 3
hostelería, la, 11
hostilidad, la, 1
hoy en día, 13
hueco, el, 13
huerto, el, 9
humanidad, la, 5
humano/a, 1
humedad, la, 9
hundimiento, el, 6
hundir(se), 13

I

ibérico/a, 3
ideología, la, 1
idóneo/a, 3
ignorancia, la, 6
ignorar, 3
igualación, la, 11
igualatorio/a, 11
ilusión, la, 4

ilustre, 3
imaginar(se), 4
imaginativo/a, 1
imitar, 9
impacto, el, 12
impedido/a, 1
impedimento, el, 14
imperante, 6
imperio, el, 3
implantar, 14
implicación, la, 14
implicar, 4
imposibilidad, la, 9
imposible, 5
impotencia, la, 1
impotente, 6
imprecisión, la, 5
imprescindible, 11
impreso, el, 1
improvisar, 9
impulsivo/a, 12
impulso, el, 7
impunidad, la, 6
imputable, 14
inadvertido/a, 13
inaugurar, 3
incapacidad, la, 4
incapacitado/a, 4
incendiar, 2
incidencia, la, 4
incidir, 11
inclinación, la, 1
incluir, 2
incoherencia, la, 14
incompatible, 13
inconsciente, 11
incorporar, 4
incorregible, 4
incrementar(se), 5
incumbir, 13
independiente, el/la, 1
indeseable, 5
índice, el, 2
indicio, el, 4
indiferencia, la, 13
individuo, el, 4
indocumentado/a, 5
índole, la, 3
indolente, 1
indultar(se), 2
indulto, el, 2
inenarrable, 3
inepto/a, 5
inexplicable, 11
infantil, 12
inferior, 11
infinito/a, (el), 3
inflación, la, 6
inflexión, la, 12
informar(se), 9

informatizado/a, 9
informe, el, 7
infrahumano/a, 5
ingerir, 4
ingrediente, el, 13
ingresar, 1
iniciativa, la, 14
inicio, el, 3
ininterrumpido/a, 3
injusticia, la, 6
inmediato/a, 9
inmigrante, el/la, 4
inmunodeficiencia, la, 4
innovación, la, 9
innumerable, 7
inocencia, la, 7
inocente, el/la, 2
inquieto/a, 1
inquietud, la, 5
insecto, el, 4
inseparable, 3
insignificante, 12
insospechado/a, 12
instalar(se), 2
instantáneo/a, 13
institución, la, 3
institucionalizar(se), 2
instituto, el, 1
instrucción, la, 12
integración, la, 13
integral, 1
integrar, 14
intención, la, 1
intensidad, la, 4
intensificación, la, 12
intensificar, 9
intentar, 7
intento, el, 13
interacción, la, 9
intercambio, el, 9
interestelar, 9
intermediario/a, 14
intermedio, 1
interno/a, el/la, 13
interpretación, la, 9
interrumpir, 2
intervenir, 13
intimidad, la, 9
intoxicación, la, 4
intuición, la, 12
inútil, 1
inversión, la, 14
invertir(se), 5
investigar, 9
inviable, 14
irónico/a, 1
irresistible, 7
isótopo, 4

J

jabalí, el, 3
jamón, el, 3
jaula, la, 6
jerarquía, la, 11
jornal, el, 5
joya, la, 6
joyería, la, 11
jubilación, la, 14
judicial, 14
judío/a, el/la, 3
junco, el, 7
juntos, 7
jurar, 2
justicia, la, 2
justificar, 13
justo/a, 1
juventud, la, 1

L/LL

labor, la, 1
laboral, 6
laboratorio, el, 9
labrar, 3
lado, el, 3
lago, el, 7
lágrima, la, 10
laguna, la, 3
lámina, la, 7
lancha, la, 7
largar, 3
largo/a, 4
láser, el, 1
latino/a, 5
leche, la, 7
lechero/a, el/la, 14
lechuga, la, 5
lector/ra, el/la, 1
legal, 2
legislativo/a, 14
legislatura, la, 14
legitimidad, la, 14
leña, la, 7
lenguaje, el, 1
lenteja, la, 9
lentitud, la, 5
lesivo/a, 14
letra, la, 3
leucemia, la, 4
leve, 13
liberalización, la, 14
líder, el, 6
lija, la, 10
limitar(se), 12
límite, el, 3

limonada, la, 5
líquido, el, 9
lista, la, 4
literatura, la, 1
llamado/a, 6
llamamiento, el, 7
llano, el, 7
lleno/a, 4
llevar a cabo, 3
loco/a, 1
lógica, la, 14
lógico/a, 3
logro, el, 3
lucha, la, 1
lucha, la, 4
lúdico/a, 1
lugar, el, 2
lujoso/a, 8
lumbre, la, 7
luminoso/a, 8
luz, la, 1

M

machete, el, 2
machismo, el, 11
machista, el/la, 11
madrugada, la, 10
maestro/a, el/la, 6
mágico/a, 12
magnitud, la, 9
magrebíe, el, 5
maíz, el, 6
majestad, 7
maldecir, 6
maletín, el, 8
maleza, la, 7
maltratar, 7
mamá, la, 4
manantial, el, 4
manchar, 6
mandar, 11
manga, la, 13
mango, el, 13
manicura, la, 4
manifiesto, el, 4
maniobra, la, 9
manteca, la, 13
mantenimiento, el, 9
manuscrito, el, 11
manzano, el, 17
mapa, el, 12
marchar(se), 7
marciano, el, 9
margen, el/la, 3
marginación, la, 6
marinero, el, 6
marqués, el, 4

martillazo, el, 4
masificación, la, 3
masivo/a, 5
masticar, 9
matar, 1
materia, la, 4
matorral, el, 3
mayoritario, 11
mayúscula, la, 11
mecanismo, el, 14
media, la, 5
mediano/a, 8
mediante, 4
medicina, la, 4
medida, la, 2
mejora, la, 12
membrana, la, 9
memoria, la, 7
mencionar, 6
menos, 2
mensaje, el, 4
menta, la, 10
mental, 11
mentira, la, 2
meridional, 5
mero/a, 9
meseta, la, 3
mezquino/a, 10
micra, la, 9
microprocesador, el, 8
mientras tanto, 7
mientras, 1
migratorio/a, 3
milenio, el, 12
militar, 6
mimado/a, 13
minero, el, 12
miniatura, la, 12
miniaturización, la, 9
minicentro, el, 11
minoría, la, 1
mirada, la, 1
mismo, 1
mito, el, 5
mixto/a, 1
mobiliario, el, 9
mochila, la, 7
moderación, la, 13
moderado, 1
modernización, la, 14
modestia, la, 4
modificar, 14
modo, el, 1
módulo, el, 9
monarquía, la, 3
monetario/a, 1
monitor, el, 8
montar, 8
monte, el, 3
montón, el, 6

montura, la, 10
morder, 7
mordisco, el, 7
moro/a, el/la, 3
mortal, 4
mortalidad, la, 12
mosaico, el, 3
mostrador, el, 4
motivación, la, 1
motivo, el, 8
móvil, el, 11
movimiento, el, 1
mozo, el, 3
muchacho, el, 7
mudéjar, 3
mueble, el, 5
muestra, la, 2
mula, la, 7
multa, la, 4
multicolor, 7
mundial, 9
municipio, el, 14
muscular, 11
musulmán, 3

N

naciente, 3
nacimiento, el, 5
naranjo, el, 3
natal, 3
natalidad, la, 2
navarro/a, 3
navegación, la, 2
neerlandés, 11
negativo/a, 8
negociar, 14
negocio, el, 9
neurona, la, 9
ni siquiera, 5
nicaragüense, 2
noble, el/la, 3
normativa, la, 5
norteamericano/a, 3
nostalgia, la, 1
nostálgico/a, 4
notable, 2
núcleo, el, 4

O

objetividad, la, 8
objetivo, el, 2
obligación, la, 13
obligatorio/a, 4

obvio, 14
ocasión, la, 6
océano, el, 13
ocultar, 2
ojear, 3
ola, la, 5
olivarero, el, 10
olvido, el, 10
opción, la, 2
operar(se), 2
operario, el, 6
opinar, 4
oposición, la, 1
opresión, la, 14
optar, 8
optimista, 11
opuesto/a, 1
oración, la, 10
orar, 13
órbita, la, 9
orbital, 9
orden, el/la, 6
ordenador, el, 1
ordenar, 11
ordeñar, 7
organización, la, 1
órgano, el, 14
orgullo, el, 2
orientación, la, 14
oriental, 1
originario/a, 13
orquídea, la, 9
osado/a, 7
oscilar, 5
oscuridad, la, 5
oso, el, 7
ostentar, 5
ostracismo, el, 4
oxígeno, el, 9

P

paciente, 6
pacto, el, 14
padecer, 4
pájaro, el, 9
palabra, la, 9
palacio, el, 3
paladar, el, 3
pálido/a, 13
palma, la, 7
palo, el, 7
paloma, la, 10
palomitas, las, 1
panameño/a, 2
pandilla, la, 11
pánico, el, 4
pantalla, la, 1

pantanoso/a, 7
papel, el, 11
papeleo, el, 12
par, el, 1
paralelo/a, 9
paralelo, el, 8
paralítico/a, 6
parámetro, el, 9
parásito, el, 4
parcial, 14
parecido/a, 11
parlamentario, 14
parra, la, 7
parte, la, 3
participación, la, 2
participar, 1
partidario, el, 13
pasado, el, 12
pasión, la, 4
pasmoso/a, 1
pasta, la, 13
pastar, 7
pasto, el, 10
pastor, el, 7
paterno/a, 14
patio, el, 9
pato, el, 3
patología, la, 4
patrón (patrono), el, 5
patrullera, la, 6
paulatino/a, 14
pauta, la, 1
pavo, el, 13
paz, la, 2
pechera, la, 10
pedregal, el, 3
pedregoso/a, 3
pelado, 7
pelear(se), 7
peliculero/a, 1
pelirrojo, 8
pena, la, 3
penal, el, 6
penalidad, la, 5
pendiente, 6
percibir, 11
perdiz, la, 7
peregrinaje, el, 3
peregrinar, 3
peregrino/a, el/la, 3
perfecto/a, 11
perfil, el, 3
permanecer, 7
permanencia, la, 6
permanente, 9
pernoctar, 3
persecución, la, 4
perseguir, 4
personalidad, la, 8
perspectiva, la, 8

pertenecer, 3
pertinente, 2
peruano/a, 6
pervivir, 13
pescador, el, 6
pescar, 4
pese a, 5
pesimista, el, 5
peso, el, 6
pesticida, el, 4
pestífero/a, 7
petición, la, 8
pez, el, 10
piadoso, 3
piedra, la, 3
pieza, la, 13
pilar, el, 1
pillaje, el, 6
pimentón, el, 3
piña, la, 13
pintada, la, 1
pirata, el/la, 6
piscifactoría, la, 9
placa, la, 8
plaguicida, el, 4
planeta, el, 5
planificación, la, 5
plantar, 14
plantear, 4
plata, la, 10
plegable, 11
plomo, el, 4
pluralismo, el, 12
pluralista, 2
pluriempleo, el, 14
población, la, 2
pobre, 5
pobreza, la, 2
podar, 5
podrido/a, 2
poeta, el, 3
polémica, la, 1
polución, la, 12
polvo, el, 4
por casualidad, 8
por ciento, 11
por doquier, 3
por encima, 12
por fin, 7
por lo menos, 5
por lo tanto, 1
porro, el, 1
portaeronaves, el, 9
portavoz, el/la, 4
portugués/sa, 11
poseer, 1
posesión, la, 6
posibilitar, 13
posición, la, 8
positivo/a, 8

postguerra, la, 12
postura, la, 4
potabilizado/a, 9
potable, 5
potencia, la, 4
potencia, la, 9
potenciación, la, 11
potenciar, 14
potente, 8
pozo, el, 7
práctica, la, 1
pragmático/a, 12
pragmatismo, el, 9
preconizar, 12
precoz, 3
predecir, 14
predilección, la, 9
prefijado/a, 9
pregonar, 13
prehistórico, 13
prender, 7
prensa, la, 6
preponderante, 11
prerrogativa, la, 14
prescindir, 3
presente, el, 2
preservación, la, 9
preservar, 12
presidencia, la, 12
presidir, 12
presionar, 1
prestigio, el, 14
pretender, 8
pretensión, la, 14
pretexto, el, 13
prevenir, 12
prever, 3
princesa, la, 7
príncipe, el, 14
prisionero/a, el/la, 2
procedente, 14
proceder, 3
procesar, 9
proceso, el, 3
proclive, el, 11
procrear, 12
producción, la, 2
producto, el, 8
profano/a, 3
profundidad, la, 3
progresar, 9
progresista, 13
progresivo/a, 6
progreso, el, 2
prohibir, 6
prolongar, 6
promesa, la, 6
prometer, 6
promover, 12
pronunciar, 4

propietario/a, el/la, 4
proponer, 1
proporción, la, 1
propósito, el, 13
próspero/a, 3
protesta, la, 1
proveedor/ra, el/la, 14
proveer, 7
provisión, la, 2
proyecto, el, 12
prudencia, la, 14
publicación, la, 8
publicidad, la, 1
publicitario/a, 11
puerto, el, 10
puesto que, 3
pugna, la, 14
pulmón, el, 4
pulso, el, 6
pulular, 7
puño, el, 13
pupitre, el, 13

Q

quiebra, la, 11
química, la, 4
quintaesencia, la, 3

R

ración, la, 9
racional, 11
racionalización, la, 9
racismo, el, 5
racista, 5
radiación, la, 9
radiactividad, la, 4
radiactivo/a, 4
radiología, la, 4
radiológico/a, 4
rama, la, 10
ranura, la, 8
raptar, 2
rasgado/a, 7
rasgo, el, 14
rastro, el, 10
razonar, 13
reaccionar, 14
reactivación, la, 12
reactor, el, 4
real, el, 7
realismo, el, 6
rearme, el, 14
rebaño, el, 1

rebelde, el/la, 1
rebeldía, la, 1
recambio, el, 6
recepcionista, el/la, 11
receptividad, la, 14
rechazo, el, 14
recibir, 4
recio/a, 3
recital, el, 1
reclamación, la, 14
reclamar, 5
reclutamiento, el, 11
reconciliación, la, 2
reconocimiento, el, 13
reconstruir, 12
récord, el, 9
recorrer(se), 4
recurso, el, 1
red, la, 9
redactar, 13
redistributivo/a, 14
reemplazar, 12
referencia, la, 11
referir, 6
reflectante, 9
reflejo, el, 3
reflexión, la, 9
reforma, la, 2
refrigeración, la, 4
regalado/a, 3
regalar, 7
regimiento, el, 13
regional, 2
regir, 2
regla, la, 1
reglamentación, la, 14
regocijar(se), 7
rehacer, 3
rehén, el/la, 6
reino, el, 13
reivindicación, la, 6
relativo, 9
relevo, el, 9
relieve, el, 3
religioso/a, 3
reloj, el, 8
remitir, 5
remontar, 3
removible, 8
renacentista, 3
rendimiento, el, 11
rendir(se), 1
reparar, 3
repartir, 12
repercusión, la, 4
repercutir, 1
repetidor/ra, 9
repetir, 7
repleto/a, 14
reportaje, el, 8

reposar, 3
reposición, la, 11
repostería, la, 13
representación, la, 9
represor, 1
reproducción, la, 12
reproducir, 3
reptil, el, 7
republicano/a, 14
repugnante, 1
requerir, 8
res, la, 7
resguardo, el, 6
residente, 8
residir, 6
resistente, 9
resistir, 3
resolver, 3
resonar, 2
resorte, el, 13
respectivo/a, 6
respetar, 12
respeto, el, 2
responder, 2
restablecer, 4
restaurar, 3
restricción, la, 4
restringir, 4
resumen, el, 14
retina, la, 9
retiro, el, 3
retorno, el, 5
retroceder, 7
retumbar, 10
revalorización, la, 14
revisión, la, 11
revivir, 3
revolución, la, 2
revolucionar, 13
revuelta, la, 1
revuelto/a, 6
rezar, 10
rezumar, 10
ridículo, el, 12
riesgo, el, 4
rigor, el, 5
rincón, el, 3
risa, la, 13
robot, el, 4
robótica, la, 1
rocío, el, 10
rocoso/a, 3
rodar, 13
rogar, 8
rol, el, 11
rollo, el, 7
ron, el, 7
ronquido, el, 13
rosal, el, 10
rubor, el, 4

rugoso/a, 7
rural, 1

S

sabroso/a, 13
saciar, 6
salarial, 14
salario, el, 5
saldo, el, 5
saltamontes, el, 13
salud, la, 13
saludar(se), 7
salvadoreño/a, 2
salvaje, el, 3
salvo, 11
sancionado, 11
sancionar, 5
sandinista, 2
sangrar, 10
sangre, la, 2
sanidad, la, 4
sanitario/a, 4
santuario, el, 3
sapo, el, 7
saqueo, el, 6
satisfacer, 3
sector, el, 1
sede, la, 12
sediento, 3
segmento, el, 11
segregación, la, 11
seguimiento, el, 2
segundo, el, 5
seguridad, la, 6
selvático/a, 2
senado, el, 4
seno, el, 14
señora, la, 2
separar(se), 3
sepulcro, el, 3
sereno/a, 6
serie, la, 3
serpiente, la, 7
sexualidad, la, 11
significado, el, 3
signo, el, 13
siguiente, el, 2
silbido, el, 7
silencio, el, 13
simbólico/a, 5
simbolismo, el, 3
simbolizar, 3
simple, 9
simpleza, la, 14
sin duda, 3
síndrome, el, 4
sinfín, el, 14

sinónimo, 13
siquiera, 4
sistema, el, 1
sistemático/a, 12
soberanía, la, 2
soberbia, la, 3
soberbio/a, 1
soborno, el, 5
sobresaliente, 14
sobresalir, 3
sobrino, el, 4
sociedad, la, 1
sociológico/a, 11
sociólogo/a, el/la, 1
sindicato, el, 1
soga, la, 7
solar, el, 9
soldado, el, 7
soleamiento, el, 9
soledad, la, 7
solidario/a, 14
solucionar, 13
solvencia, la, 8
sombra, la, 10
sonar, 10
sonoro/a, 3
sonreír, 13
sopa, la, 3
soplar, 7
soportar, 4
soporte, el, 6
sorbo, el, 1
sordo/a, el/la, 5
sorprender(se), 7
sorpresa, la, 1
sortija, la, 7
sostener(se), 10
subcontratado/a, 14
subdesarrollado/a, 4
sublevación, la, 6
subrayar, 9
subsanar, 14
subsidiario/a, 14
subsidio, el, 14
subterráneo/a, 3
subyacente, 13
suceder, 3
sufragio, el, 14
sufrir, 1
sugerencia, la, 14
sujeción, la, 3
sujetar, 13
sultán, el, 4
sumergir, 5
sumisión, la, 14
superable, 11
supercohete, el, 9
superficial, 5
superficialidad, la, 5
superficie, la, 4

superior/ra, 11
superioridad, la, 11
supervivencia, la, 11
superviviente, el/la, 2
suponer, 4
supranacional, 12
supremo/a, 6
supuesto/a, 13
sureste, 2
surgir, 1
suscitar, 3
sustancial, 9
sustitución, la, 12
sustituir, 3
sustituto/a, el/la, 13
sutil, 6

T

tabaco, el, 4
tablero, el, 13
taco, el, 3
tal vez, 4
talón, el, 8
tamaño, el, 9
tambor, el, 13
tanto, 5
tapar(se), 7
tarde, 3
teatral, 3
tecla, la, 8
técnica, la, 8
tejado, el, 10
telaraña, la, 1
telediario, el, 4
telefonía, la, 9
telón, el, 6
tema, el, 5
temblar, 10
temor, el, 5
temporal, 14
tender(se), 4
teniente, el, 13
tentar, 13
teoría, la, 9
terapéutico/a, 13
tercermundista, 5
tercio, el, 5
térmico/a, 9
terminal, la, 14
terminar, 3
ternera, la, 9
terrateniente, el, 6
terremoto, el, 2
terrestre, 9
terso/a, 5
tesis, la, 13
testimonio, el, 2

tétrico/a, 7
texto, el, 8
tiburón, el, 7
tío/a, el/la, 2
tiritar, 10
tiro, el, 13
título, el, 11
tolerante, 11
tomate, el, 9
tonelaje, el, 2
tornar(se), 6
tortilla, la, 13
total, 4
tradición, la, 7
traducción, la, 11
tragedia, la, 4
trajeado/a, 8
transcurrir, 14
transeúnte, el, 13
transformar(se), 3
transfusión, la, 4
transición, la, 12
transistor, el, 9
transitorio, 13
transportar, 1
tras, 3
trasladar(se), 7
trato, el, 10
trauma, el, 14
travestido, el, 6
triangular, 7
trigo, el, 6
triple, 5
tripulación, la, 9
tripulado/a, 9
triunfo, el, 3
tronco, el, 7
trono, el, 6
tropa, la, 6
tropical, 6
tubérculo, el, 14
tulipán, el, 9
turbio/a, 3

U

unidad, la, 2
unificación, la, 12
unir, 2
unitario/a, 14
universal, 14
universitario/a, el/la, 1
urna, la, 12
usuario/a, el/la, 8
útil, 11
utilización, la, 2

V

valioso/a, 3
valle, el, 3
valoración, la, 1
valorar, 11
vano/a, 3
vegetal, 6
vehículo, el, 1
velar, 6
vello, el, 7
vencedor/ra, el/la, 12

vencer, 2
vendimia, la, 5
venezolano/a, 6
ventajoso/a, 5
ventilación, la, 9
ventilador, el, 8
verificación, la, 2
verificar, 2
versión, la, 8
verso, el, 10
viajero/a, el/la, 3
vibrante, 3
viceversa, 14

vicio, el, 14
vigente, 12
vinculación, la, 14
violación, la, 6
violar, 2
violento/a, 1
virtud, la, 8
vista, la, 3
visual, 1
vital, 12
vítores, los, 3
vivencia, la, 3
víveres, los, 7

vividor/ra, el/la, 5
vivienda, la, 9
vivo/a, 9
volador/ra, el/la, 7
voluntarista, 11
votación, la, 14

Z

zócalo, el, 8
zorra, la, 9
zumbido, el, 7